Para Peggy.
Y para todas las chicas.
Luchad siempre
por vuestros sueños.

La edición original de esta obra ha sido publicada
en Gran Bretaña en 2021 por Quadrille, sello editorial
de Hardie Grant Publishing, con el título

Bowls & Broths

Traducción del inglés: Montserrat Asensio

Copyright © de la edición española, Cinco Tintas, S.L., 2022
Copyright © del texto, Pippa Middlehurst, 2021
Copyright © de las fotografías, India Hobson
y Magnus Edmondson, 2021
Copyright © de la edición original, Quadrille, 2021

Diagonal, 402 – 08037 Barcelona
www.cincotintas.com

Todos los derechos reservados. Bajo las sanciones establecidas
por las leyes, queda rigurosamente prohibida, sin la autorización
por escrito de los titulares del copyright, la reproducción total
o parcial de esta obra, por cualquier medio o procedimiento
mecánico o electrónico, actual o futuro, incluidas las fotocopias
y la difusión a través de internet. Queda asimismo prohibido el
desarrollo de obras derivadas por alteración, transformación y/o
desarrollo de la presente obra.

Primera edición: septiembre de 2022

Impreso en China
Depósito legal: B 8548-2022
Código Thema: WBA
Cocina general y recetas

ISBN 978-84-19043-05-4

PIPPA MIDDLEHURST

BOWLS & BROTHS
CALDOS Y SOPAS ASIÁTICOS

Tu sabroso bol con dumplings,
noodles y mucho más

FOTOGRAFÍAS DE
INDIA HOBSON Y MAGNUS EDMONDSON

cincotintas

CONTENIDOS

Introducción 6
La ciencia del caldo 9
Antes de empezar 12
   Utensilios 12
   Preparación 12
   Ingredientes 13
Las bases 18

23   Noodles

99   Caldero chino

107   Dumplings

139   Arroz

159   Postres

Índice alfabético 174
Agradecimientos 176

Introducción

Siempre me ha gustado comer en boles.

En boles grandes y hondos donde ya se ha mezclado el sabor de los ingredientes, listos para que nos los comamos sin complicaciones.

En la mesa, en la cama, acurrucada en una butaca, donde me apetezca. Justo detrás de los boles, en mi lista de preferencias está el bocadillo, que ofrece un bocado perfecto detrás de otro. Pero eso ya es materia para otro libro.

Las recetas de este libro surgieron de un método particular cuyo origen fueron los asaltos al frigorífico y al congelador o los experimentos en la cocina de casa, normalmente cuando el hambre apretaba. El botín de esos saqueos, que con frecuencia eran ingredientes de lo más humilde, se combinaba y daba lugar a una complejidad de sabores sublime. Y, casi siempre, chapoteando en un bol.

A veces encontraba en el congelador un sencillo caldo de ave que, en un principio, reservaba para una sopa de noodles y won ton. ¡Estupendo! ¡Menudo hallazgo! Un caldo sencillo abre infinitas posibilidades. Empezaba por condimentar directamente el bol del que luego comería y al que añadía los elementos esenciales de sabor.

Dado mi entusiasmo y mi predilección por los sabores asiáticos, era más que probable que completara el bol con un poco de *doubanjiang* fermentado picante; un chorrito de salsa de soja clara y de vinagre de arroz negro; un toque de azúcar; y algunas hojas de mostaza china encurtidas. Entonces, vertía el caldo caliente por encima, para mezclarlo todo. Como remate, un huevo pasado por agua y una cebolleta que había visto mejores días, picada fina. O lo que fuera que tuviera a mano.

No se trata en absoluto de una técnica nueva. Muchísimos de los vendedores callejeros en Asia, de Taiwán a Tailandia, cocinan así. Infinitos boles distintos rebosantes de salsa, condimentos, trocitos crujientes, trocitos frescos, hierbas, aromáticos, un almidón y una proteína. Todos dispuestos ordenadamente sobre el carro o el puesto callejero y vertidos rápidamente en un bol, con un movimiento relámpago de la muñeca que los hacía aterrizar en un bol de melamina en las cantidades justas, perfectas.

Por ejemplo, en Japón, se vierte una sabrosa salsa *tare* en el cuenco antes de añadir el caldo para ramen, los noodles e ingredientes varios. Todos los ingredientes se añaden en el último momento, para conservar el máximo de frescura y para crear capas y complejidad de sabor.

Al igual que sucede con esta técnica, los ingredientes y las combinaciones que encontrarás en este libro se inspiran en y están informados por años de aprendizaje y de experimentación con ingredientes, técnicas y sabores del este y del sudeste de Asia, y están impulsados por un amor y un respeto profundos. Las regiones del este y del sudeste de Asia representan a multitud de culturas y de tradiciones culinarias y los ingredientes, técnicas y combinaciones de sabores que presento aquí apenas son la punta del iceberg. Y, aunque no hay nada que pueda sustituir a la experiencia vivida o a crecer con comida asiática casera, me considero profundamente afortunada por haber podido aprender de esa cocina desde la distancia a lo largo de años y a base de investigación y de práctica.

Si te interesa saber más, te recomiendo encarecidamente *Silk Road Recipes: Parida's Uyghur Cookbook*, de Gulmira Propper, que explora la gastronomía de los uigures, en el noroeste de China, y *Chicken and Rice: Fresh and Easy Southeast Asian Recipes From a London Kitchen*, de Shu Han Lee. Mi cocinera televisiva preferida durante mi infancia era Ching-He Huang (tengo todos sus libros de recetas). En línea, soy una gran fan de «The Woks of Life» (@thewksoflife), un blog familiar de recetas chinas que rebosa de platos asombrosos, además de muchísima investigación. «Red House Spice» (@red.house.spice), un blog del desarrollador de recetas y fotógrafo Wei, que también organiza recorridos gastronómicos por China y que se ha convertido en un buen amigo mío, es otra grandísima fuente de inspiración. Y he aprendido mucho de las recetas y los textos de Grace Young (@stirfryguru), sobre todo de su libro *The Wisdom of the Chinese Kitchen*.

La mayoría de las recetas que comparto aquí no son tradicionales, sino accidentes afortunados que se hicieron un hueco en mi repertorio habitual, platos creados para clubes de cenas u homenajes a los clásicos adaptados para mi cocina. Sea como fuera, todas me han procurado confort y satisfacción sin límites y espero que hagan lo mismo por ti.

La ciencia del caldo

No es necesario conocer los entresijos de la ciencia que hay detrás de un buen caldo para preparar uno extraordinario. Para eso están las recetas. Sin embargo, si tu mente se parece a la mía, no te irá nada mal conocer los detalles.

El sabor constituye la experiencia completa: el gusto, el aroma y la textura de una comida. El gusto casi nunca es suficiente si no viene acompañado del aroma. El placer de la textura es efímero y una comida que huele a gloria es una trampa si no podemos saborearla también. Por lo tanto, aprender a preparar un bol delicioso y lleno de bocados perfectos significa aprender a combinar y a equilibrar todos esos elementos para crear un sabor armonioso. Entender esta fórmula es fundamental y nos proporciona las herramientas que necesitamos para empezar a experimentar.

GUSTO

Los sentidos del gusto y del olfato se activan ante la presencia de distintas moléculas y compuestos, que los receptores de la nariz y de la boca reciben de distintas maneras. La lengua recibe el gusto, y la percepción del salado, dulce, amargo, ácido y umami depende de las moléculas de azúcar, sal, ácidos, aminoácidos y alcaloides. Resulta muy interesante constatar que algunas de las sensaciones no tienen nada que ver con el gusto; por ejemplo, el picante que sentimos al comer guindillas es recibido por receptores del dolor, aunque lo interpretan como un sabor.

Es más, la lengua y la boca experimentan las proteínas, las grasas y los hidratos de carbono de distinta manera y los receptores reciben los compuestos de diferentes formas en función de cómo viajen, también. La grasa se aferra a las moléculas aromáticas, por lo que la transportan mejor. Por eso, si el sabor del ajo asado y de la pimienta de Sichuan llegan a tu boca a lomos de una molécula de grasa de pollo (las moléculas de grasa son la forma de transporte más segura y fiable para las moléculas aromáticas), no solo tendrán un *gusto* distinto que si llegaran a bordo de un líquido, sino que te producirán una *sensación* diferente (léase: mejor). Podemos usar este conocimiento a la hora de crear sabores complejos. Para crear capas de sabor, necesitamos líquido y grasa que transmitan gusto, aroma y sensación en boca para conseguir equilibrio.

TEXTURA

La textura es de una importancia extraordinaria. La boca, los labios y el oído perciben la textura crujiente al morder. La resistencia que notamos cuando mordemos algo crujiente contrasta con los elementos más blandos del mismo plato. Las texturas blandas y fundentes, como la carne guisada a fuego lento, aportan sensaciones melosas y satisfactorias. Las texturas firmes y tersas que exigen una intervención mecánica (masticación) aportan interés. Además, las texturas cambian cuando están junto a otras diferentes. Los noodles del caldo absorben el líquido y se ablandan con el tiempo. Los ingredientes crujientes añadidos a un plato húmedo absorben la humedad y se vuelven pastosos. Hay veces en que la ósmosis es deseable y otras en las que no.

Si clasificamos los gustos y las texturas en notas agudas y notas graves (fui primer violín de una orquesta), es fácil entender la necesidad de que todas las secciones toquen juntas y de forma coordinada para producir la sinfonía final. Si hay demasiados graves, la obra quedará oscura y sombría; si la percusión no sigue el ritmo, la obra queda totalmente desequilibrada; y si la sección de madera desafina, es imposible oír otra cosa. Concibo la construcción del sabor de la misma manera: el objetivo final es redondo, lleno de matices y armonioso. Cuando construyo un plato, siempre me pregunto: «¿qué nota toca este ingrediente?».

AROMA

El aroma puede suscitar respuestas psicológicas y emocionales extraordinarias, entre otras cosas porque los receptores olfativos de la nariz tienen una conexión directa con la amígdala, la parte del cerebro responsable de la memoria y de las respuestas fisiológicas. Evolucionamos así porque, además de verlo, oler algo es una manera preliminar de examinar un alimento.

El aroma nos ayuda a distinguir entre alimentos tóxicos y no tóxicos; es un mecanismo de seguridad. ¿Alguna vez has tenido que retroceder por el hedor del cubo de basura? El cuerpo reacciona para impedir que consumamos sustancias potencialmente perjudiciales. Por lo tanto, tiene mucho sentido que, cuando olemos un alimento o un plato repleto de sabor, nos inunden la emoción y esa sensación que nos lleva a cerrar los ojos y a encoger los hombros. Es la manera que el cuerpo tiene de decirnos: «Esto está bueno, es nutritivo, contiene calorías y energía, te ayudará a sobrevivir, cómetelo». Las glándulas salivales empiezan a producir saliva y el tracto digestivo entra en acción incluso antes de que nos hayamos llevado la primera cucharada a la boca.

Estas respuestas fisiológicas y psicológicas quedan grabadas en el cerebro, donde se forman vías neuronales que garantizan que respondamos exactamente de la misma manera la próxima vez que detectemos ese aroma. Por supuesto, ahora ese mecanismo ya no está tan asociado a la seguridad, pero lo conservamos y nos ayuda de otras maneras. El aroma nos ayuda a recordar e incluso puede cambiar nuestro estado de ánimo. Esto contribuye a nuestra conexión emocional con la comida y con la experiencia global del sabor.

LA TEMPERATURA Y EL TIEMPO

El efecto de dejar reposar el caldo durante una noche también es crucial. Sí, ese curri para llevar sabía mejor al día siguiente. Creo que es útil saber qué sucede a nivel molecular cuando preparamos un plato que vamos a comer inmediatamente (una experiencia compartida por todos), de modo que podamos tomar una decisión verdaderamente informada (y, claro está, de una importancia suprema) acerca de cuándo usar el caldo. ¿Ahora o mañana?

Cuando calentamos los alimentos, sometemos a sus ingredientes aromáticos a múltiples reacciones químicas que producen compuestos aromáticos y gustativos distintos. Estas reacciones empiezan a remitir cuando retiramos el caldo de la fuente de calor. Cuando probamos un caldo recién hecho, experimentamos cada compuesto aromático por separado, recién terminada la reacción química. Esto significa que los aromas más potentes y pronunciados serán más evidentes, mientras que otros, como el glutamato, desaparecerán en el fondo. Los hidratos de carbono complejos se descomponen en azúcares simples, que son más dulces. Las proteínas se siguen descomponiendo y liberan glutamato y otros aminoácidos sabrosos que mejoran el sabor. Cuando los dejamos reposar, todos estos compuestos se mezclan y se combinan y resultan más accesibles a las papilas gustativas, por lo que los percibimos como un solo sabor, complejo y armonioso, en lugar de como uno o dos sabores más pronunciados y recién salidos de una reacción. En pocas palabras, no podemos apreciar todo el esfuerzo que invertimos en equilibrar el caldo correctamente hasta que el plato se ha enfriado y ha reposado.

El caldo constituye los cimientos del plato, su columna vertebral. Una vez lo hemos dejado reposar, podemos añadir más capas y sabores y texturas nuevas y frescas. Algunas vendrán de su propio proceso de maduración (como el aceite picante, por ejemplo) y podemos añadir noodles ramen para que aporten cuerpo y flexibilidad. Algo crujiente (cebolletas crujientes,) algo blando y fundente (como la carne), una pizca de algo con sabor a frutos secos (¿qué tal unas semillas de sésamo tostadas?), la frescura de las hierbas (cilantro), los *Allium* (cebolletas) o los cítricos (zumo de lima). Como sabemos, añadir una capa de grasa es importantísimo para el aroma y para la sensación en boca.

Si añadimos ingredientes a capas de esta manera, los graves y los agudos se combinan y el plato final es una verdadera sinfonía. Así se construye la complejidad. Podemos crear sabores nuevos que van más allá del gusto de los ingredientes originales y, en mi opinión, eso es verdaderamente mágico.

Antes de empezar

Utensilios

UN BOL DE CALIDAD
Según mi experiencia, el mejor consejo que te puedo dar es que inviertas en un bol de buena calidad. Mi preferido tiene unos 18 cm (7 in) de diámetro y 8 cm (3 ¼ in) de profundidad (necesitarás que sea lo bastante ancho y hondo para remover los ingredientes y facilitar que se mezclen bien). Podrás encontrar cuencos para noodles y ramen en supermercados chinos o asiáticos y siempre puedes invertir en una obra de tu ceramista preferido.

SARTÉN ANTIADHERENTE
Mi segundo mejor consejo es que inviertas en una buena sartén antiadherente y la escondas del resto de personas que usen tu cocina. Una sartén antiadherente de buena calidad te dará los mejores resultados cuando frías dumplings o intentes hacer un huevo frito con puntilla. (Créeme: la puntilla no es negociable.)

CUCHARAS DE MEDIR
Es muy importante usar cantidades exactas cuando condimentamos raciones individuales, porque es muy fácil no llegar o pasarse cuando hablamos de cantidades tan pequeñas. El volumen de las cucharadas de postre, soperas y de café varían inmensamente y no podemos confiar en ellas para medir los ingredientes con precisión.

BALANZA DIGITAL
La precisión es fundamental, sobre todo para elaborar noodles, por lo que yo uso balanzas de repostería con dos decimales, que pueden ser caras. Las balanzas digitales son una alternativa asequible.

MÁQUINA PARA HACER PASTA
Cuando hayas preparado la masa para los noodles, tendrás que trabajarla y darle forma y es ahí donde una máquina para hacer pasta se ganará con creces un hueco en tu cocina. Yo tengo la Marcato Atlas 150 y viene con varios accesorios para noodles de distintas formas y anchos.

ARROCERA
Para mí, las arroceras son esenciales porque garantizan granos de arroz separados y esponjosos. Aun así, en la p. 157 encontrarás una receta que usa tanto una arrocera como una olla.

OLLA
A lo largo del libro, elaboraremos muchos caldos. Siempre uso una olla de 5 litros.

Preparación

MEDIDAS
He probado las recetas de masa del libro usando medidas del sistema métrico decimal. Te sugiero que siempre midas los ingredientes con una balanza. Te dará precisión y tranquilidad.

USA EL CONGELADOR
Si se aprovecha todo su potencial, el congelador puede ser el lugar donde encontrar los ingredientes necesarios para las distintas fases de la preparación de un delicioso bol de noodles o dumplings. Si preparamos un caldo, podemos meter en la olla huesos, carcasas y patas de pollo directamente sacados del congelador. (Muchos polleros y carniceros regalan las carcasas de pollo y los huesos de ternera, que podemos guardar en el congelador hasta que los necesitemos.) Cuando uso langostinos, guardo las cabezas y las cáscaras, que luego aprovecho para el caldo de pescado. Una vez terminado, puedes guardar el caldo en bolsas de congelador y luego solo tendrás que verter el bloque de caldo congelado en un cazo y proceder a calentarlo. Los dumplings se congelan muy bien; solo hay que disponerlos en una bandeja de horno forrada con papel vegetal y, una vez congelados, se pueden pasar a una bolsa de congelador, para que no ocupen tanto. También se pueden cocinar congelados.

LIMPIAR HUESOS
Blanquear y limpiar los huesos antes de usarlos en un caldo es una norma de oro y he descubierto que

la cocina asiática usa desde hace generaciones esta técnica para eliminar las impurezas. Saltarse el blanqueo puede alterar el sabor final del caldo, además de enturbiarlo. La manera más fácil de hacerlo es meter los huesos en la olla más grande que tengas. Cúbrelos con agua y llévalos a ebullición a fuego rápido 5 min. Las impurezas ascenderán a la superficie. Pasa los huesos a un colador grande y desecha el agua. Enjuaga la olla y luego los huesos bajo el grifo de agua fría. Frótalos con los dedos para retirar la sangre seca o la suciedad que pudiera quedar. Una vez limpios, devuélvelos a la olla, añade agua limpia y deja que comience el proceso de hacer caldo.

COMENZAR UN CALDO DESDE CERO

Comienza siempre con los huesos blanqueados y los aromáticos en agua fría. El aumento lento y gradual de la temperatura permite que las proteínas hidrosolubles se aglutinen y formen en la superficie una espuma que podrás retirar. Si añades los ingredientes a una olla de agua hirviendo, las proteínas quedarán aisladas y en suspensión, lo que alterará el sabor y enturbiará el caldo. La elaboración de caldos tonkotsu o *paitan* son la excepción a esta norma, porque necesitan un hervor vivo y el resultado deseado es un caldo turbio, espeso y cremoso, por la emulsión de las proteínas y las grasas.

COLAR EL CALDO

Antes o después, tendrás que colar los distintos caldos que aparecen en las recetas de este libro. Lo puedes hacer colándolo todo y decantando el caldo terminado en recipientes para el frigorífico o el congelador. Usa un colador de malla fina forrado con una tela de muselina, para asegurarte de que eliminas todos los residuos y obtienes un caldo liso, sedoso y transparente.

RALLAR Y MOLER

Si queremos obtener lo mejor de ingredientes aromáticos como el ajo, el jengibre o el *galangal*, tenemos que hacer uso de la fuerza. Las células vegetales tienen paredes celulares que retienen los aceites aromáticos y los compuestos del sabor (aroma y gusto), por lo que, si nos limitamos a cortar las plantas con un cuchillo o con las cuchillas de un robot de cocina, separamos las células, pero el sabor permanece en su interior. Cuando usamos un rallador o un mortero, aplicamos fuerza sobre la pared celular y la rompemos: al abrirse, libera los compuestos del sabor. Antes de añadir jengibre al caldo, lo aplasto con el lateral de un cuchillo ancho, para majarlo y romper las paredes celulares. Y cuando añado hierbas aromáticas para rematar un plato, las troceo con las manos en lugar de picarlas con un cuchillo, para que desprendan más aromas y sabor. Siempre rallo el ajo, incluso cuando la receta dice que hay que picarlo.

Ingredientes

ACEITE DE PIMIENTA DE SICHUAN

Tiene un sabor característico y con cuerpo, además de ser tan picante que anestesia la lengua. Ahora sé que es el remate ideal para platos de dumplings y noodles. En mi primer libro, *Dumplings y noodles*, explico una receta, pero si no lo quieres hacer en casa, hay muchas marcas buenísimas que probar. Mi preferida es CLH.

ACEITE DE SABOR NEUTRO

Las recetas de este libro necesitan un aceite de sabor neutro o sin sabor, como el de colza, de cacahuete, los aceites vegetales o el de girasol, entre otros.

ACEITE DE SÉSAMO TOSTADO

El puro es más caro que el mezclado, que quizás conozcas más. Sin embargo, es mucho más potente y con una botella pequeña llegarás muy lejos. El punto de humeo del aceite de sésamo tostado es muy bajo, así que no lo uses para cocinar. Se quema rápidamente y echará a perder tu plato. Úsalo en salsas y en aliños. El de la marca Kadoya es mi preferido.

AJO FRITO CRUJIENTE

Aunque puedes freír ajo para cada receta, cuando en el libro menciono ajo frito me refiero al que se puede comprar ya preparado.

ALGA *KOMBU*

En polvo, también conocida como *kombu dashi* en polvo, es un alga deshidratada molida y mi manera preferida de sustituir ingredientes de pescado salados, como la salsa de pescado o las virutas de *katsuobushi*, en recetas veganas como mi ramen vegano (p. 82).

AZÚCAR DE PALMA

Tiene un sabor complejo, profundo y característico, muy distinto al del azúcar blanco, porque apenas está procesado. Esto significa que también contiene más micronutrientes.

CALDO DE POLLO EN POLVO

El preparado para caldo de pollo Amoy es uno de los ingredientes imprescindibles en mi cocina. Se usa de forma generalizada en la gastronomía asiática para añadir sal, GMS y una combinación de hierbas. Es el condimento umami definitivo.

CALDO DE SETAS EN POLVO

Se usa de la misma manera que el caldo de pollo en polvo, pero aporta un sabor más terroso. Es fantástico para condimentar platos veganos o añadir profundidad umami.

CHILE ASADO EN POLVO

Los cocineros tailandeses usan con mucha frecuencia el chile asado en polvo, o *prik bon*, en sus platos, y ahora yo hago lo mismo. Es muy fácil y rápido de hacer (p. 18).

DASHI EN POLVO

El *dashi* es un caldo japonés elaborado con algas kelp secas y con virutas de atún ahumado. Lo encontrarás en multitud de platos, desde el ramen hasta adobos, pasando por salsas. Aunque es fácil de preparar en casa, si solo necesito una pizca para condimentar platos, opto por *dashi* en polvo, que se puede disolver en agua.

DOUBANJIANG DE PIXIAN

El *doubanjiang*, o pasta de legumbres picantes, es una pasta de sabor muy intenso que he llegado a adorar. Se prepara con habas y chiles fermentados. El *doubanjiang* de Pixian es la variedad de Pixian, en la provincia china de Sichuan, célebre por sus pastas de legumbres picantes. Cada vez es más fácil de encontrar fuera de China.

FURIKAKE

Este condimento japonés, que se acostumbra a usar con arroz, es una verdadera bomba de umami. Suele contener semillas de sésamo y algas secas y, en ocasiones, virutas de pescado.

HARINA RICA EN PROTEÍNAS

Las recetas de noodles que encontrarás en el libro necesitan una harina rica en proteínas. Puedes comprobar el contenido en proteína de la harina en el paquete, en el recuadro con la información nutricional. Normalmente se refleja como gramos por 100 g. Un nivel de proteína de entre el 11 y el 12 % se considera elevado y es perfecto para preparar dumplings y noodles (la harina de fuerza contiene más del 12 %). Cuanto mayor sea el contenido en proteína, más gluten se desarrollará en la masa. Y para conseguir noodles con una buena textura es importante contar con una estructura de gluten fuerte. Esto es especialmente importante para los noodles estirados a mano, donde una estructura de gluten fuerte es fundamental en el proceso de estirado. Si quieres saber más acerca de la ciencia de los noodles, consulta mi primer libro de recetas, *Dumplings y noodles* (Cinco Tintas, 2021). Uso harina rica en proteínas Blue Twin Spoons en todas mis recetas.

HUEVOS

Siempre uso huevos orgánicos, ya sea en la masa para noodles, en los huevos ramen o en los postres.

KANSUI

Cuando se calienta, el bicarbonato de sodio ($NaHCO_3$) se descompone y forma carbonato de sodio (Na_2CO_3), agua y dióxido de carbono (CO_2). Esto eleva su pH de aproximadamente 8 a más de 11, lo que lo convierte en una sal alcalina, conocida como *kansui*. En la producción comercial de ramen, se usa una combinación de sales alcalinas distinta en función de las propiedades del fideo (grueso, fino, duro o blando). En ocasiones, también se usa carbonato de potasio (K_2CO_3) en combinación con el carbonato de sodio.

Añadir una sal alcalina a la masa para noodles modifica las propiedades de las uniones de las cadenas de gluten. Las condiciones alcalinas aumentan la formación de uniones entre las cadenas, por lo que la red se vuelve más firme y prieta. Con ello se consigue un fideo más firme y elástico que absorbe el agua más lentamente, lo que es perfecto si está destinado a bañarse en un caldo caliente. Se puede comprar en línea, o como un líquido conocido como agua Lye, aunque es fácil de hacer en casa.

Hornea 100 g de bicarbonato de sodio sobre una bandeja de horno forrada con papel de aluminio a 120-100 °C con ventilador (250 °F/Gas ½) 1 hora. El polvo perderá aproximadamente una cuarta parte de su peso. Retira el *kansui* del horno

y pásalo a un tarro hermético limpio doblando el papel de aluminio y vertiéndolo en el tarro (con cuidado de evitar el contacto con la piel). No dejes el *kansui* en contacto con el aire durante demasiado tiempo o volverá a absorber humedad y perderá efectividad. Se conservará 1 mes en el recipiente hermético.

LAS MARAVILLAS DEL MSG

El MSG, o glutamato de monosodio, se ha convertido en un ingrediente esencial en mi cocina y aparece con frecuencia en las recetas de este libro. Como la sal, se usa para potenciar el sabor y la marca que encontrarás con más facilidad es la japonesa Ajinomoto. El MSG tiene mala reputación, debido a un artículo publicado en la década de 1960 y que ya se ha desmentido en numerosas ocasiones. El glutamato se halla de forma natural en una amplia variedad de alimentos, como las setas o los tomates. En 1908, se desarrolló en Japón su forma sintética en polvo, que es lo que usamos hoy. Si quieres saber más acerca del MSG, entra en www.knowMSG.com.

MARISCO CONGELADO

Si no voy a una pescadería, me resulta muy difícil encontrar marisco de buena calidad. Bueno, me resultaba difícil hasta que descubrí la sección de marisco congelado en el supermercado chino de mi barrio. La calidad y el precio no tienen parangón y ofrecen todas las variaciones que podría desear: con cáscara, con cabeza, sin cabeza, desvenado, limpio y en porciones. Necesite lo que necesite. Compro langostinos con cabeza y cáscara y luego congelo la cabeza y la cáscara para preparar caldos más adelante.

MIRIN

Es un vino dulce de arroz fermentado. La variedad *hon mirin*, o *mirin* «verdadero», no tiene sales ni edulcorantes añadidos y se fermenta de forma natural. El aji *mirin*, o *mirin* «sazonador», tiene un contenido de alcohol muy inferior y acostumbra a estar edulcorado con jarabe de maíz. Yo prefiero el *hon mirin*, pero es más caro.

MISO

Es un ingrediente fermentado de uso generalizado en Japón. Se elabora con habas de soja fermentada y, en ocasiones, arroz, cebada y trigo. He cocinado con distintos tipos de *miso* y he llegado a la conclusión de que el *hatcho miso* tiene un sabor más potente y un color más oscuro que el *miso* blanco (*shiro*). Se prepara con habas de soja fermentadas durante hasta tres años, a diferencia del *miso* blanco, que se hace con habas de soja fermentadas con arroz durante mucho menos tiempo. Puedes encontrar *hatcho miso* en línea o sustituirlo por *miso* rojo. El *miso* rojo se fermenta durante más tiempo que el *miso* blanco, pero menos que el *hatcho miso*.

NAM PRIK PAO

Es una pasta de chile tailandesa elaborada con chiles asados y pasta de gamba. El término «*nam prik*» se aplica a una amplia variedad de pastas para condimentar en la cocina tailandesa, entre las que el *nam prik pao* es una de las más usadas.

PATAS DE POLLO

Son una manera fantástica de dar cuerpo a los caldos, que desarrollan así una sensación sedosa en boca. Las podrás encontrar en pollerías o en la sección de congelados de las tiendas de alimentación chinas. Las puedes meter en la olla directamente, sin descongelar. Tienen mucha superficie y están hechas de hueso, grasa y tejido conectivo. Tienen todo lo bueno. Si no encuentras patas, las alitas te funcionarán igualmente bien.

PASTA DE SÉSAMO CHINA

Se elabora con semillas de sésamo tostadas (a diferencia de la mayoría de la tahina de Oriente Medio, que usa semillas crudas), por lo que tiene un intenso sabor a frutos secos. Wangzhihe se ha convertido en mi marca preferida.

PASTILLAS DE CALDO

Si decides no usar caldo casero y optas por pastillas de caldo, elige una marca con un contenido bajo en sal o sin sal. Así evitarás que el plato terminado quede demasiado salado.

PIMIENTA DE SICHUAN EN GRANO

Es uno de mis ingredientes preferidos y aporta una sensación de entumecimiento y cosquilleo llamada *málà*, o «entumecedor y picante». Busca pimienta de Sichuan en grano *da hong pao*, de la provincia de Gansu (noroeste de China). Será de un rosa rojizo encendido y despedirá un fresco aroma a cítricos. Para aprovechar el sabor al máximo, muélela en un mortero o en un molinillo y luego pásala por un colador, para eliminar las partes más grandes de la cáscara y de la semilla interior, que pueden quedar terrosas. Puedes hacerlo en tandas pequeñas y guardarlas en un tarro hermético. La pimienta molida conservará la fragancia hasta 1 semana.

SALSA DE OSTRAS

Tiene un sabor suave, dulce, redondo y versátil. Es muy habitual en la gastronomía china y, aunque se elabora con extracto de ostras, no tiene un sabor intenso ni a ostras ni a pescado. Mi marca preferida es Lee Kum Kee. La salsa de ostras tailandesa tiene un sabor muy distinto. La ostra es mucho más pronunciada, pero la salsa es menos salada y tiene un punto dulce. Para las recetas tailandesas, recomiendo la marca MaeKrua.

SALSA DE PESCADO

Se elabora con pescado pequeño (con frecuencia, anchoas) en salazón y fermentados. Añade sal, umami y profundidad. Al igual que la salsa de soja, se puede fermentar desde meses a años.

SALSA DE SOJA

Se elabora con habas de soja fermentadas, en un proceso que dura meses o, en algunos casos, incluso años. Hay muchas variedades en función de la marca, la región o el país de producción. Por lo general, las salsas de soja artesanas y de más calidad se fermentan y envejecen durante años. Cuanto más añeja sea la salsa de soja, más se valorará. Cuando una receta te pida «salsa de soja», normalmente se referirá a salsa de soja clara o a salsa normal. Esta se usa como condimento, porque añade sal y profundidad umami. No se puede usar como sustituta de la soja oscura, que es más oscura (evidentemente), más espesa y ligeramente más dulce y que se usa para añadir profundidad, sabor y color. Algunas recetas te pedirán una salsa de soja específica, como salsa de soja clara tailandesa o salsa de soja japonesa. De nuevo, para que la receta sepa como debe es importante usar el ingrediente indicado. La salsa de soja clara tailandesa se usa igual que la salsa de soja clara china, pero el sabor no tiene nada que ver. Mi marca preferida de salsa de soja china es Pearl River Bridge, mientras que mi marca de referencia tailandesa es Healthy Boy (sobre todo la salsa de soja negra tailandesa de etiqueta naranja y la salsa tailandesa de etiqueta verde). Kikkoman es mi marca japonesa preferida.

SALSA VEGETARIANA PARA SOFRITOS ORIENTALES

También conocido como salsa de ostras vegetariana, este condimento aprovecha las propiedades umami de las setas shiitake y, tal y como yo misma he aprendido experimentando, se puede usar como sustituto de la salsa de otras con resultados casi perfectos. Lee Kum Kee (los inventores de la salsa de ostras original) es una marca fantástica que usar.

SEMILLAS DE SÉSAMO

Pronto descubrirás que las semillas de sésamo son un ingrediente habitual en estas páginas. Si se especifica que han de ser tostadas, puedes hacerlo en casa en una sartén en seco a fuego medio 3-5 min o hasta que estén doradas y removiendo de vez en cuando.

SETAS SHIITAKE SECAS

Son un ingrediente fantástico que guardar en la despensa. Se rehidratan y se usan en salteados o en dumplings y el agua del remojo aporta un delicioso toque umami a caldos y a salsas.

SUI MI YA CAI

Se trata de una especialidad de Sichuan a base de hojas de mostaza encurtidas picadas finamente y con sabor amargo y salado. Lo encontrarás en supermercados asiáticos y en línea.

VINO DE ARROZ DE *SHAOXING*

El de *Shaoxing* es el más conocido. Es un vino de arroz chino fermentado de color ámbar y de complejo sabor dulce y seco que, según he descubierto, se suele servir como aperitivo. Se usa en muchas recetas chinas y sus usos culinarios son múltiples. Mi marca preferida es Taijade.

VINAGRE DE ARROZ NEGRO *CHINKIANG*

El vinagre chino negro, también conocido como vinagre *Chinkiang* o de Zhenjiang, tiene su origen en la ciudad de Zhenjiang, en la provincia costera oriental de Jiangsu, al norte de Shanghái. Se elabora con arroz negro fermentado y aporta una acidez suavísima y ligeramente dulce. Es fantástico en salsas y aliños. Una vez abierta la botella, guárdala en un armario oscuro con la tapa bien cerrada, de lo contrario, perderá sabor enseguida.

Leyenda

V · receta vegetariana
VG · receta vegana

Las bases

Estas recetas se han convertido en la piedra angular de mi repertorio de comida casera. Intento tener siempre uno de estos elementos, si no todos, en el frigorífico o en el congelador, listos para ser usados. Son la base perfecta sobre la que construir un plato o toda una comida.

Chile asado en polvo

VG · SALEN 5 CDAS. **· PREPARACIÓN** 5 MIN **· COCCIÓN** 5 MIN
CONSERVACIÓN HASTA 4 SEMANAS EN UN LUGAR FRESCO Y OSCURO

2 puñados de chiles rojos ojo de pájaro secos

NOTA
Este método puede producir un gas muy picante, así que asegúrate de mantener las ventanas abiertas y la puerta de la cocina cerrada y de que no entren ni niños ni mascotas.

El extraordinario sabor del chile asado en polvo, o *prik bon*, se consigue asando en seco los chiles, que adquieren un aroma especiado y a frutos secos.

Calienta una sartén antiadherente a fuego medio-alto y añade los chiles. Tuéstalos por todas las caras hasta que adquieran un color marrón oscuro (no negro). Muévelos constantemente para evitar que se quemen.

Retíralos del fuego y espera a que se enfríen antes de pasarlos a una batidora o a un mortero. Muélelos hasta que queden reducidos a escamas. Guarda el chile en polvo en un tarro hermético.

Pasta málà

SALEN APROX. 500 ML (17 FL OZ) **· PREPARACIÓN** 10 MIN **· COCCIÓN** 5 MIN
CONSERVACIÓN HASTA 2 SEMANAS EN EL FRIGORÍFICO O EN EL CONGELADOR EN UNA CUBITERA

3 cebollas escalonias, en rodajas
1 cabeza de ajo, pelada
1 cda. de jengibre, rallado
2 cdas. de aceite de sabor neutro
1 cda. de granos de pimienta negra, molidos
3 cdas. de *doubanjiang*
1 cda. de *miso* rojo
1 cda. de frijoles negros, enjuagados
2 cdas. de jalapeños encurtidos troceados
1 cda. del líquido de los jalapeños encurtidos
1 cdta. de cilantro molido
1 cdta. de hinojo molido
2 cdas. de vino de arroz *Shaoxing*
1 cda. de aceite de pimienta de Sichuan
½ cdta. de MSG
2 cdas. de salsa de soja clara
1 cdta. de salsa de soja oscura

Málà **significa «entumecedor y picante» y la pimienta de Sichuan en grano de esta receta es la responsable de esa sensación. La pasta *málà* es un condimento genérico fantástico cuando se necesita algo picante y chispeante o como condimento de guisos.**

Mete la cebolla escalonia, el ajo y el jengibre en el vaso de un robot de cocina y tritura hasta que obtengas una pasta. Calienta el aceite en una sartén de fondo grueso a fuego medio y fríe la pasta de jengibre-ajo-escalonias 2-3 min o hasta que empiece a despedir aromas y se ablande. Añade el resto de los ingredientes a la sartén y remueve bien. Deja que burbujee 2 min más antes de volver a pasarlas al robot (no hace falta que lo limpies antes) y tritura bien hasta que vuelvas a obtener una pasta homogénea. También puedes usar una batidora de mano. Guarda la pasta en un tarro hermético en el frigorífico hasta que la necesites.

Caldo de cebollas asadas

VG · SALEN 2 L (70 FL OZ) · **PREPARACIÓN** 30 MIN · **COCCIÓN** 4 HORAS
CONSERVACIÓN HASTA 4 DÍAS EN EL FRIGORÍFICO O 3 MESES EN EL CONGELADOR

2 cebollas grandes o 4 pequeñas (sin pelar), cortadas por la mitad
1 trozo de jengibre fresco de 5 cm (2 in), en 8 rodajas
1 cabeza de ajos, partida horizontalmente por la mitad
300 g (10 ½ oz) de zanahorias, peladas y en trozos grandes
2 cdas. de aceite de sabor neutro
15 g (½ oz) de setas variadas secas, como hongo calabaza
8 setas shiitake secas
1 lámina de alga *kombu* seca
1 rábano *daikon* de 10 cm (4 in), cortado por la mitad
1 cda. de sal marina fina
1 cda. de granos de pimienta negra
3 cdas. de salsa de soja clara
3 cdas. de vino de arroz de *Shaoxing*
1 cda. de caldo de setas en polvo
3 cebolletas
2 cdas. de salsa de soja
20 g (¾ oz) de raíz de cilantro

Dada la ausencia de carne y de huesos, hay que usar el ingenio y recurrir a ingredientes que potencien el cuerpo y el sabor de los caldos vegetarianos o veganos. Las setas secas y las algas *kombu* son ricas en glutamatos, que constituyen la base del sabor umami. Aislar el glutamato, el guanilato y el inosinato a partir de las algas *kombu* y de las setas shiitake condujo a la identificación de los compuestos responsables del sabor umami. Asar la cebolla carameliza los azúcares que contiene, lo que añade notas dulces y terrosas al caldo.

Precalienta el horno a 180-160 °C con ventilador (350 °F/Gas 4).

Unta con el aceite la cebolla, la mitad del jengibre, todo el ajo y la zanahoria. Pásalo todo a una bandeja de horno y asegúrate de que la cebolla esté con la cara cortada hacia abajo. Asa toda la verdura en el horno 1 hora o hasta que la parte cortada de la cebolla haya adquirido un color marrón oscuro y se hayan tostado.

Mientras tanto, llena una olla con 3 litros (105 fl oz) de agua y añade la otra mitad del jengibre y el resto de los ingredientes. Cuando las hortalizas del horno estén listas, añádelas a la olla, con piel y todo. Lleva a ebullición, baja el fuego y cuece a fuego bajo 3 horas. Si se evapora demasiada agua y las hortalizas quedan descubiertas, agrega más.

Una vez pasadas las tres horas, el caldo habrá adquirido un tono pardo oscuro. Forra un colador grande con una tela de muselina y disponlo sobre un cuenco grande. Cuela el contenido de la olla. Deja que el caldo se filtre sin presionar las hortalizas, porque se enturbiaría. Desecha los ingredientes sólidos que queden en el colador, enjuaga la muselina con agua caliente, forra el colador otra vez y vuelve a colar el caldo.

Decanta el caldo en recipientes de 200 ml (7 fl oz) y congélalo o úsalo enseguida.

Huevos ramen

V · SALEN 6 HUEVOS · **PREPARACIÓN** 5 MIN · **COCCIÓN** 6 MIN + ENFRIAMIENTO + REFRIGERACIÓN
CONSERVACIÓN HASTA 5 DÍAS EN EL FRIGORÍFICO

6 huevos medianos
4 cdas. de salsa de soja clara
4 cdas. de *mirin*
250 ml (9 fl oz) de caldo *dashi* (en polvo) o agua (fría)

Lleva a ebullición una olla con agua. Deposita con cuidado los huevos en el agua y cuécelos exactamente 6 min. Sácalos del agua y ponlos bajo un chorro de agua fría 3-4 min o sumérgelos en un bol de agua con cubitos de hielo. Cuando estén fríos del todo, pélalos.

Mezcla la salsa de soja, el *mirin* y el caldo *dashi*. Sumerge los huevos en el líquido y cubre con papel vegetal. Otra opción es poner los huevos en un recipiente con tapa o en una bolsa para congelar. Déjalos en el frigorífico toda la noche antes de comerlos. Los huevos se conservarán en el frigorífico hasta 5 días.

Caldo de pollo

SALEN 2 L (70 FL OZ) · **PREPARACIÓN** 30 MIN · **COCCIÓN** 2-3 HORAS
CONSERVACIÓN HASTA 4 DÍAS EN EL FRIGORÍFICO O 3 MESES EN EL CONGELADOR

2 kg (4 lb 8 oz) de alitas de pollo
6-8 manojos de cebolletas, limpias y aplastadas
1 trozo de jengibre fresco de 10 cm (4 in), pelado, aplastado y en rodajas gruesas
4 cdas. de vino de arroz de *Shaoxing* o agua
500 g (1 lb 2 oz) de patas de pollo
4 setas shiitake secas
3-4 cdas. de salsa de soja clara
1 cdta. de sal marina

NOTA
Si cocinas las alitas en dos bandejas de horno, intercambia su posición a media cocción.

La calidad del caldo es la clave de una buena sopa de noodles. Este caldo es de gusto intenso, rebosa umami y tiene un color precioso. El intenso sabor a pollo procede de una parte del pollo muy infrautilizada: la humilde ala. Al asarla, la gelatina y la grasa del hueso y de la piel se caramelizan y producen un aroma y un sabor deliciosos, además de una textura sedosa.

Chintan significa «caldo claro» en japonés, mientras que el *paitan* de pollo es un caldo espeso y emulsionado. A continuación, encontrarás ambos métodos.

Precalienta el horno a 200-180 °C con ventilador (400 °F/Gas 6).

Dispón las alitas de pollo de manera uniforme y dejando espacio entre ellas, para que circule el aire, en una bandeja para hornear grande o, si es necesario, en dos (véase la nota): así quedarán bien crujientes y jugosas.

Ásalas en el horno 30 min. Añade la cebolleta y el jengibre y riégalas con la grasa y el jugo del fondo de la bandeja. Vuelve a meterlas en el horno 20 min más. Comprueba el estado de la cebolleta con regularidad, para que no se queme.

Saca la bandeja del horno y traslada a una olla grande las alitas, la cebolleta, el jengibre y todo el jugo de cocción: rasca los lados de la bandeja con una espátula para meterlo todo en la olla. Ahora calienta la bandeja a fuego medio en los fogones y agrega el vino de arroz de *Shaoxing* o el agua. Desglasa moviendo la bandeja y desprende con la espátula los trocitos crujientes que permanezcan pegados en el fondo.

Una vez hayas retirado todos los trocitos crujientes de la bandeja, vierte el líquido en la olla. Añade el resto de los ingredientes y 2 ½ l (87 fl oz) de agua fría, hasta que las alas queden cubiertas al ras.

CHINTAN DE POLLO

Usa un termómetro y lleva el caldo a 96 °C (204 °F). Si no tienes termómetro de cocina, alcanzará dicha temperatura cuando el caldo apenas haya roto a hervir: verás que la superficie emite vapor, pero aún no habrá burbujas. Mantén el caldo a esta temperatura 3 horas.

Retira la olla del fuego y espera a que se temple. Forra un colador con una tela de muselina y disponla sobre un cuenco grande. Vierte el contenido de la olla a través del colador. Ejerce presión sobre los ingredientes para que desprendan todo su preciado jugo.

El caldo debería presentar una lustrosa capa de grasa en la superficie y ser de un delicado e intenso color marrón claro. Pruébalo y rectifica de sal.

PAITAN DE POLLO

Lleva el caldo a ebullición. La agitación constante de la superficie del caldo emulsiona la grasa y enturbia el líquido. Mantén al fuego así 2 horas y añade 250 ml (9 fl oz) de agua cada hora, o más si es necesario. A las 2 horas, retira la olla del fuego y espera a que se temple. Tritura los ingredientes sólidos (también los huesos) con una batidora de mano hasta que obtengas una consistencia parecida a la de una papilla.

Forra un colador con una tela de muselina y disponla sobre un cuenco grande. Vierte el contenido de la olla a través del colador y ejerce presión sobre los ingredientes para que el caldo se cuele bien.

Puedes servir los dos caldos inmediatamente, o decantarlos en recipientes de 200 ml (7 fl oz) y guardarlos en el frigorífico o en el congelador hasta que los necesites. Cuando el caldo se enfríe, adquirirá una consistencia gelatinosa. ¡Eso es bueno!

Caldo maestro

SALEN 2 L (70 FL OZ) · **PREPARACIÓN** 20 MIN · **COCCIÓN** 2 HORAS 30 MIN
CONSERVACIÓN HASTA 4 DÍAS EN EL FRIGORÍFICO O 3 MESES EN EL CONGELADOR

4 cdas. de aceite de sabor neutro
500 g (1 lb 2 oz) de jarrete de ternera (o de cualquier otro corte apto para guisos), en dados de 5 cm (2 in)
1 cabeza de ajos, cortada horizontalmente por la mitad
1 trozo de jengibre de 5 cm (2 in), aplastado
1 puerro, limpio y en rodajas de 5 cm (2 in)
1 kg (2 lb 4 oz) de huesos de tuétano de ternera
350 ml (12 fl oz) de vino de arroz de *Shaoxing*
250 g (9 oz) de patas o alitas de pollo
2 l (70 fl oz) de agua
500 ml (17 fl oz) de salsa de soja clara
150 g (5 ½ oz) de azúcar moreno claro
1 cdta. de semillas de hinojo
1 cda. de semillas de cilantro
4 hojas de laurel
2 clavos de olor
2 estrellas de anís
1 ramita de canela
Cáscara de mandarina seca (opcional)

Este caldo es mi interpretación personal de un caldo maestro chino. Es oscuro, intenso y dulce y se puede usar en caldos, en salsas y como adobo. En la gastronomía china lo llaman *lo shui* o «agua vieja», porque, normalmente, la olla de *lo shui* nunca se sustituía, sino que se iba rellenando, de modo que las distintas carnes que se iban guisando soltaban el jugo y la grasa e iban enriqueciendo el caldo a medida que pasaba el tiempo.

Calienta el aceite en una olla grande a fuego medio-alto. Fríe el jarrete de ternera hasta que se haya dorado por todas las caras. Añade el ajo, el jengibre y el puerro y sofríelos hasta que empiecen a desprender aromas. Agrega los huesos de ternera y remueve bien, para que queden untados con el aceite y los aromáticos. Agrega el vino de arroz de *Shaoxing* y deja que el alcohol se reduzca unos 2 min, mientras desprendes del fondo de la olla los trocitos que se hayan podido pegar. Añade las patas o las alitas de pollo, el agua, la salsa de soja clara y el azúcar.

En una sartén a fuego medio, tuesta las semillas de hinojo y de cilantro hasta que empiecen a despedir aromas. Añádelas a la olla junto a las hojas de laurel, el clavo, el anís estrellado, la canela y la cáscara de mandarina (si has decidido usarla).

Lleva la olla a ebullición y deja que siga hirviendo a fuego bajo un mínimo de 2 horas. Saca la ternera y resérvala. Cuela el caldo por un colador forrado con una tela de muselina. El caldo resultante debería ser espeso y oscuro. Desmenuza la ternera y devuélvela al caldo. Úsalo inmediatamente o decántalo en recipientes de 200 ml (7 fl oz) o en una cubitera y congélalo para cuando lo necesites.

Ba Mee

Si has comido en las calles de Tailandia, es muy probable que ya hayas probado los noodles *ba mee*. Son finos fideos amarillos de huevo que se sirven en muchos platos, desde sopas con noodles hasta sofritos de estilo oriental. Son especialmente firmes y elásticos y suelen ser ondulados.

V · SALEN APROX. 400 G (14 OZ) DE PASTA PARA 4 RACIONES

PREPARACIÓN 40 MIN + REPOSO

COCCIÓN 2 MIN

CONSERVACIÓN HASTA 5 DÍAS EN EL FRIGORÍFICO

2 yemas de huevo
Aprox. 100 g (3½ oz) de agua
¼ de cdta. de *kansui*
½ cdta. de sal marina fina
275 g (9¾ oz) de harina rica en proteína (11 %)
Fécula de patata o harina de maíz, para espolvorear

Vierte en una jarra medidora las dos yemas de huevo y el agua justa para llegar a un volumen total de 120 ml (4¼ fl oz). Añade el *kansui* y la sal y bate bien.

Vuelca la harina en un cuenco grande, vierte la mezcla de huevo por encima y remueve poco a poco para incorporarla a la harina. Cuando se formen franjas secas, haz una bola con la masa. Para ello, aplica presión con la palma de la mano en un movimiento descendente. Repite este gesto hasta que todas las franjas de masa se hayan unificado en una bola. Cubre el cuenco con un paño de cocina limpio y húmedo y deja reposar 15 min.

Mientras, prepara la máquina de hacer pasta. Fíjala bien a la superficie de trabajo, porque la masa es extraordinariamente dura.

Saca la masa del cuenco. Con un rodillo, presiónala con firmeza, por partes, hasta que sea lo bastante fina para pasar por la máquina en el modo más ancho. Mete la masa por el rodillo. La masa que sale te parecerá desigual y basta, ¡no pasa nada! Tampoco te preocupes si la lámina se quiebra o se agujerea. Pásala de nuevo en modo ancho y repite este paso hasta que obtengas una lámina entera y sin agujeros. Entonces, programa la máquina en el siguiente modo más estrecho y vuelve a pasar la lámina de masa. Vuelve a reducir al siguiente nivel más estrecho y pasa la lámina de nuevo.

Ahora, dobla la masa por la mitad, a lo largo, y pásala por la máquina en el modo más ancho. Repite el proceso de doblar y pasar hasta que obtengas una lámina de masa lisa y de textura homogénea. Es posible que los extremos de la lámina queden secos y quebrados (como consecuencia del doblado), pero es normal. Con cuidado, dobla la lámina por la mitad y deja reposar 30 min, cubierta por un paño de cocina limpio.

Una vez reposada, desdobla la lámina y pásala otra vez por la máquina de pasta de modo que obtengas una lámina fina (en mi máquina, programo la posición 5 o 6 cuando preparo fideos finos). Luego, pasa la masa por el accesorio cortador. Espolvorea los fideos ligeramente con fécula de patata o con harina de maíz para evitar que se peguen.

Separa los fideos en raciones de 100 g (4 oz). Haz una bola con cada una, estrújala con el puño y déjala caer sobre la superficie de trabajo. Repite el proceso tres o cuatro veces con cada bola, hasta que los fideos queden ondulados. Métetelos en un contenedor hermético o en una bolsa para congelar. Mejoran con el tiempo y, si los dejas reposar 24 horas, la textura mejorará. Se conservarán hasta 5 días en el frigorífico, aunque los puedes disfrutar directamente.

Cuécelos en agua salada hirviendo 90 segundos o hasta que estén al dente. Enjuágalos bajo el grifo de agua fría y sírvelos en la receta que más te apetezca.

Noodles tsukemen integrales

Los *tsukemen*, también conocidos como «noodles para remojar», se usan en una variante de ramen en la que los noodles se sirven a temperatura ambiente con ingredientes sólidos, junto a un bol de sopa caliente. La idea es remojar los noodles fríos en el caldo caliente, con lo que se consigue un llamativo contraste de textura y de temperatura.

Los fideos *tsukemen* acostumbran a ser más gruesos que los que se usan en el ramen. Como el noodle *tsukemen* es más grueso y ancho, tiene más superficie de contacto y es un vehículo mejor para transportar el caldo del bol a la boca. Por este mismo motivo, el caldo en el que se remojan los noodles *tsukemen* es más espeso y tiene un sabor más concentrado, por lo que hay menos sopa en cada bocado, a diferencia de lo que sucede con el caldo del ramen, que se supone que se ha de sorber.

Se dice que estos fideos se originaron en la década de 1950 en un restaurante de Tokio, el Taishoken, donde los días de verano calurosos el personal comía restos de fideos fríos remojados en caldo caliente recién hecho.

VG · SALEN APROX. 280 G (10 OZ) DE PASTA PARA 4 RACIONES

PREPARACIÓN 30 MIN + REPOSO

COCCIÓN 3 MIN

CONSERVACIÓN HASTA 5 DÍAS EN EL FRIGORÍFICO

188 g (6¾ oz) de harina rica en proteína (11 %)
12 g (¼ oz) de harina integral
¼ de cdta. de sal marina fina
¼ de cdta. *kansui*
80 g (2¾ oz) de agua
Fécula de patata o harina de maíz,
  para espolvorear

Mezcla la harina rica en proteína, la harina integral, la sal, el *kansui* y el agua y amasa hasta que se formen franjas secas. Forma una bola con la masa. Para ello, aplica presión con la palma de la mano en un movimiento descendente. Repite este gesto hasta que todas las franjas de masa se hayan unificado en una bola. Cubre el cuenco con un paño de cocina limpio y húmedo y deja reposar 15 min.

Mientras, prepara la máquina de hacer pasta. Fíjala bien a la superficie de trabajo, porque la masa es extraordinariamente dura.

Saca la masa del cuenco. Con un rodillo, presiónala con firmeza, por partes, hasta que sea lo bastante fina para pasar por la máquina en el modo más ancho. Mete la masa por el rodillo. La masa que sale te parecerá desigual y basta, ¡no pasa nada! Tampoco te preocupes si la lámina se quiebra o se agujerea. Pásala de nuevo en modo ancho y repite este paso hasta que obtengas una lámina entera y sin agujeros. Entonces, programa la máquina en el siguiente modo más estrecho y vuelve a pasar la lámina de masa. Vuelve a reducir al siguiente nivel más estrecho y pasa la lámina de nuevo.

Ahora, dobla la masa por la mitad, a lo largo, y pásala por la máquina en el modo más ancho. Repite el proceso de doblar y pasar hasta que obtengas una lámina de masa lisa y de textura homogénea. Es posible que los extremos de la lámina queden secos y quebrados (como consecuencia del doblado), pero es normal. Con cuidado, dobla la lámina por la mitad y deja reposar 30 min, cubierta por un paño de cocina limpio.

Una vez reposada, desdobla la lámina y pásala otra vez por la máquina de pasta de modo que obtengas una lámina fina de 3 mm (⅛ in) de grosor. En mi máquina, es la posición 3. Luego, pasa la masa por el accesorio cortador. Espolvorea los fideos ligeramente con fécula de patata o con harina de maíz para evitar que se peguen.

Separa los fideos en raciones de 70 g (2½ oz). Métetelos en un contenedor hermético o en una bolsa para congelar. Ganan con el tiempo y, si los dejas reposar 24 horas, la textura mejorará mucho. Se conservarán hasta 5 días en el frigorífico, aunque los puedes disfrutar inmediatamente.

Cuécelos en agua salada hirviendo 2-3 min o hasta que estén al dente. Enjuágalos bajo el grifo de agua fría y sírvelos en la receta que más te apetezca.

Noodles estirados a mano

Los noodles estirados a mano reciben distintos nombres y son muy habituales en China. Estos en concreto dependen de una autolisis (o periodo de reposo) prolongada, durante la que las enzimas del trigo digieren y rompen los enlaces que se forman entre las cadenas de gluten. Esto facilita que la masa adquiera elasticidad y, cuanto más repose la masa, más elástica se volverá. Son distintos al popular noodle *la mian* de Lanzhou, porque no tienen alcalinos y dependen únicamente del reposo para generar elasticidad. En Xi'an, este tipo de noodle estirado a mano se llama *gun mian*, o «fideo de palo», por su forma redonda y gruesa. Si desde Xi'an avanzas hacia el noroeste, encontrarás otro tipo de noodle que usa una técnica similar y que se llama *laghman* (que significa «noodle estirado a mano», y cuyo origen etimológico es *la mian*). Aunque difieren en algunos aspectos del proceso, como el uso o no de aceite o la forma en que se deja reposar la masa, la ciencia y el método para dotar de elasticidad a estos noodles es siempre la misma.

VG · SALEN APROX. 480 G (1 LB 1 OZ) DE PASTA PARA 4 RACIONES

PREPARACIÓN 30 MIN + REPOSO

COCCIÓN 15 MIN

320 g (11¼ oz) de harina rica en proteína (11 %)
160 g (5½ oz) de agua
1 cdta. de sal marina fina
4-5 cdas. de aceite de sabor neutro

Mezcla la harina, el agua y la sal hasta que se incorporen y formen una masa. Es posible que al principio la sientas seca y suelta, pero resiste la tentación de añadir más agua. Trabaja la masa a mano o en una batidora de mano 15 min o hasta que obtengas una textura lisa y homogénea. Divide la masa en 8 trozos de 60 g (2¼ oz) cada uno. Con las dos manos, haz rodar cada uno de ellos hasta que obtengas salchichas largas y delgadas de unos 1-2 cm (½-¾ in) de diámetro. Pinta la masa con una cantidad generosa de aceite antes de enrollarla y darle forma de caracol sobre un plato. Tápala con papel film y deja reposar 2-3 horas. Repite el proceso con el resto de los trozos de masa.

Una vez haya reposado, la masa se habrá vuelto elástica. Lleva a ebullición una olla grande con agua salada y vierte 1-2 cdas. de aceite sobre tu superficie de trabajo antes de transferir con cuidado la primera espiral de masa.

Empezando por la parte exterior, sostén el extremo de la espiral de masa con una mano mientras, con la otra, recorres toda la espiral y la vas separando y estirando hasta que obtengas una salchicha de 2-3 mm (¹⁄₁₆–⅛ in) de diámetro. Mete el extremo estirado del fideo directamente en el agua hirviendo. Remueve el agua para que el fideo no se pegue al fondo. Sigue estirando el fideo hasta que llegues al final de la espiral. Hierve 2-3 min o hasta que el fideo ascienda a la superficie y se haya ablandado. Sácalo con una espátula de madera y escúrrelo. Enjuágalo con agua fría para eliminar el exceso de almidón y para evitar que se pegue. Repite el proceso con el resto de las espirales de pasta y sirve los noodles en la receta que hayas elegido.

Udon

Los noodles udon son fideos de trigo japoneses, gruesos y duros. Se usan en múltiples platos, incluidas las sopas o remojados en salsa, y están tan buenos fríos como calientes.

VG · SALEN APROX. 380 G (13½ OZ) DE PASTA PARA 4 RACIONES

PREPARACIÓN 40 MIN + REPOSO

COCCIÓN 8–10 MIN

CONSERVACIÓN HASTA 5 DÍAS EN EL FRIGORÍFICO

¼ de cdta. de sal marina fina
260 g (9¼ oz) de harina rica en proteína (11 %)
115 g (4 oz) de agua
Fécula de patata o harina de maíz, para espolvorear

Añade la sal a la harina y remueve. Ayúdate con palillos o un tenedor para deshacer los grumos grandes. Incorpora el agua muy poco a poco, sin dejar de remover, hasta que la mezcla adquiera cuerpo, forme una bola y los lados del cuenco estén limpios. Es posible que no necesites toda el agua.

Amasa 10-15 min. Se trata de una masa muy firme, por lo que trabajarla puede requerir que sudes un poco. Yo me pongo en pie sobre una silla y me ayudo con el peso del cuerpo o, si quieres, también puedes seguir la tradición japonesa (antes de las batidoras de mano): ¡usa los pies! Si la masa te resulta demasiado dura y no la puedes amasar, déjala reposar 15 min y vuelve a intentarlo. Cuando la masa esté lisa, déjala reposar 30 min en una bolsa para congelar o en un cuenco cubierto con un paño de cocina limpio y húmedo.

Comienza con la mitad de la masa y deja el resto cubierto y reposando. Con un rodillo, aplasta la masa con firmeza, para allanarla un poco. Estírala hasta que logres un grosor de unos 3 mm (⅛ in). Idealmente, la masa debería ser más larga que ancha, pero no es esencial. ¡Ármate de fuerza y de paciencia! Si no también puedes usar una máquina para pasta programada en la segunda o la tercera posición más ancha.

Espolvorea la masa con abundante fécula de patata o harina de maíz y dóblala cuatro o cinco veces, de modo que mida unos 8 cm (3¼ in) de ancho. Con un cuchillo afilado, corta la masa en noodles de 3 mm (⅛ in). La sección transversal de un noodle udon ha de ser cuadrada, por lo que la anchura y el grosor de los fideos han de ser iguales.

Despliega los noodles y vuelve a espolvorearlos con fécula o harina de maíz. Repite todo el proceso con la otra mitad de la masa. Espolvorea con más fécula de patata o harina de maíz y haz nidos de noodles de 100 g (3½ oz) cada uno.

Lleva a ebullición una olla grande con agua salada. Sacude con cuidado el exceso de fécula de los nidos de noodles, déjalos caer en el agua hirviendo y cuécelos 8-10 min o hasta que estén al dente y asciendan a la superficie. Enjuaga con abundante agua fría para eliminar el exceso de almidón y evitar que se peguen. Sírvelos en la receta de tu elección.

NOTA
No te desanimes si al cabo de 5 min de trabajar la masa aún no tiene el aspecto esperado. ¡Persevera! Amasar es la clave para que el agua se distribuya de manera uniforme en la harina y para que el gluten se desarrolle. Si la masa tiene un aspecto grumoso, significa que el agua aún no se ha distribuido homogéneamente. La paciencia es una virtud cuando se trata de amasar.

Ramen

La palabra *ramen* procede del chino *la mian*, que significa «fideo estirado a mano». Aunque no es así como se hacen ahora, el nombre de este noodle nos habla de su historia: procede de China.

Ahora, el ramen es una entidad en sí mismo, se rige por sus propias normas y está firmemente afianzado en la cultura japonesa. Los noodles ramen se caracterizan porque se les añade *kansui*, un alcalino que les da firmeza y elasticidad.

En las tiendas de Japón, se puede encontrar una amplísima variedad de noodles ramen. Algunos son finos y muy duros, mientras que otros son más gruesos y blandos y también los hay lisos y ondulados. Los noodles son el vehículo de la sopa y los verdaderos maestros del ramen saben crear el fideo perfecto para cada caldo.

La hidratación es fundamental cuando hablamos de noodles ramen, que exigen un 42 % de humedad. Esto significa que, por cada 100 g (3½ oz) de harina, tenemos que añadir 42 g (1½ oz) de agua. Es una proporción bastante elevada, para tratarse de un ramen. A menos agua, más largo y trabajoso es el proceso. Algunos fabricantes de noodles reducen la hidratación a un 30 %, lo que produce un fideo muy tirante y firme.

VG · SALEN APROX. 440 G (15½ OZ) DE PASTA PARA 4 RACIONES

PREPARACIÓN 30 MIN + REPOSO

COCCIÓN 2 MIN

CONSERVACIÓN HASTA 5 DÍAS EN EL FRIGORÍFICO

½ cdta. de sal marina fina
¼ de cdta. de *kansui*
130 g (4½ oz) de agua
310 g (11 oz) de harina rica en proteína (11 %)
Fécula de patata o harina de maíz, para espolvorear

Noodles

Mezcla la sal, el *kansui* y el agua y vierte la mezcla sobre la harina hasta que se formen franjas secas. Entonces, forma una bola con la masa. Para ello, aplica presión con la palma de la mano en un movimiento descendente. Repite hasta que las franjas se hayan unido y formen una bola. Cubre el cuenco con un paño de cocina limpio y húmedo y deja reposar 15 min.

Mientras, prepara la máquina de hacer pasta. Fíjala bien a la superficie de trabajo, porque la masa es extraordinariamente dura.

Saca la masa del cuenco. Con un rodillo, presiónala con firmeza, por partes, hasta que sea lo bastante fina para pasar por la máquina en el modo más ancho. Mete la masa por el rodillo. La masa que sale te parecerá desigual y basta, ¡no pasa nada! Tampoco te preocupes si la lámina se quiebra o se agujerea. Pásala de nuevo en modo ancho y repite este paso hasta que obtengas una lámina entera y sin agujeros. Entonces, programa la máquina en el siguiente modo más estrecho y vuelve a pasar la lámina de masa. Vuelve a reducir al siguiente nivel más estrecho y pasa la lámina de nuevo.

Ahora, dobla la masa por la mitad, a lo largo, y pásala por la máquina en el modo más ancho. Repite el proceso de doblar y pasar hasta que obtengas una lámina de masa lisa y de textura homogénea. Es posible que los extremos de la lámina queden secos y quebrados (como consecuencia del doblado), pero es normal. Con cuidado, dobla la lámina por la mitad y deja reposar 30 min, cubierta por un paño de cocina limpio.

Una vez reposada, desdobla la lámina y pásala otra vez por la máquina de pasta de modo que obtengas una lámina fina. En mi máquina es la posición 5.

Pasa la masa por el accesorio cortador. Espolvorea los fideos ligeramente con fécula de patata o con harina de maíz para evitar que se peguen.

Mételos en un contenedor hermético o en una bolsa para congelar. Ganan con el tiempo y, si los dejas reposar 24 horas, la textura mejorará mucho. Se conservarán hasta 5 días en el frigorífico, aunque los puedes disfrutar inmediatamente.

Cuécelos en agua salada hirviendo 90 segundos. Enjuágalos bajo el grifo de agua fría y sírvelos en la receta que hayas elegido.

Noodles biang biang

Los noodles *biang biang* proceden de Xi'an, en la provincia china de Shaanxi.

Estos noodles requieren práctica. El largo periodo de reposo de la masa permite que las enzimas del trigo hagan su efecto: al cabo de unas 2-3 horas, la masa habrá adquirido una elasticidad extraordinaria, lo que nos permitirá crear unos noodles largos, ondulados y sedosos. Como manipular la masa daría lugar a más cadenas de gluten, es importante que la manipulemos lo menos posible después del periodo de reposo. Básicamente, eso significa que solo tenemos una oportunidad para estirarla.

Los noodles se estirarán hasta cierto punto antes de que las cadenas de gluten se empiecen a tensar y, cuando lo hayas practicado un par de veces, podrás percibir el cambio porque el noodle se empezará a quebrar. Cuando el gluten se empiece a tensar, has de golpear enseguida la masa contra la superficie de trabajo. El golpe detendrá brevemente la formación de cadenas de gluten y te dará la oportunidad de estirar la masa un poco más. Ese golpe es lo que da a este noodle un nombre tan pertinente. Es la onomatopeya perfecta.

Hay que cocerlos y comerlos directamente después de estirarlos. No les sientan bien ni el reposo ni los viajes. La masa se puede preparar con antelación, pero una vez se le ha dado forma, debe ir directa a la olla de agua hirviendo, así que te aconsejo que la tengas a punto.

VG · SALEN APROX. 360 G (12¾ OZ) DE PASTA PARA 2 RACIONES

PREPARACIÓN 40 MIN + REPOSO

COCCIÓN 2 MIN

240 g (8½ oz) de harina rica en proteínas (11 %)
120 g (4¼ oz) de agua
½ cdta. de sal marina fina
Aceite de sabor neutro, para engrasar

Mezcla la harina, el agua y la sal hasta que adquieran cuerpo y formen una masa. Trabájala 10 min o hasta que la textura sea lisa y homogénea. Divide la masa en cuatro porciones de 90 g (3¼ oz) cada una y dales forma de salchicha corta. Métalas en una bolsa para congelar o en un cuenco y píntalas con el aceite. Cubre la masa y deja reposar 2-3 horas.

Una vez reposada, la masa será suave y elástica. Unta la superficie de trabajo con un poco de aceite y aplana con suavidad las salchichas para darles un aspecto ovalado, de aproximadamente 20 cm × 10 cm (8 in × 4 in). Marca una hendidura a lo largo de la masa con toda la longitud del rodillo, pero ten cuidado y no la cortes del todo. Déjala reposar así 5 min, mientras repites el proceso con las otras tres salchichas de masa.

Lleva a ebullición una olla grande con agua salada.

Toma una de las porciones de masa estirada y sujétala con firmeza por ambos extremos. Tira con fuerza y, cuando la masa se estire, notarás que empieza a tirar: suele suceder cuando alcanza la anchura de los hombros. Golpéala contra la superficie de trabajo y dale otro tirón. Continúa hasta que notes la resistencia de la masa y rasga la masa por la mitad a lo largo de la hendidura que antes has marcado con el rodillo. Mete todos los noodles inmediatamente en el agua hirviendo 1 ½ min o hasta que asciendan a la superficie. Sírvelos con la receta que hayas elegido.

Ramen con chintan de pato asado

RACIONES 2 · **PREPARACIÓN** 45 MIN · **COCCIÓN** 4 HORAS

Para el caldo
1 pato entero (2-2,5 kg [4 lb 8 oz-5 lb 8 oz]), preferiblemente con los menudillos
1 cda. de miel mezclada con 1 cda. de agua
1 cda. de sal marina
400 g (14 oz) de patas de pollo
200 g (7 oz) de rábano *daikon*, cortado en trozos de 5 cm (2 in)
1 puerro, limpio y cortado por la mitad (reserva 5 cm [2 in] de la parte blanca para decorar)
1 trozo de jengibre fresco de 5 cm (2 in), en rodajas
200 ml (7 fl oz) de vino de arroz de *Shaoxing*
3 cdas. de salsa de soja clara
3-4 l (105-140 fl oz) de agua fría

Para la grasa de pato aromatizada
1 diente de ajo, rallado
1 cdta. de granos de pimienta de Sichuan molidos y tamizados
1 cdta. de cebolla en polvo

Para condimentar los boles
2 cdas. de salsa de soja clara
4 cdtas. de *mirin*
1 cdta. de *dashi* en polvo
½ cdta. de sal marina
1 cdta. de pimienta negra recién molida
2 cdtas. de semillas de sésamo tostadas
2 cdtas. de jalapeños encurtidos picados

Para servir
1 huevo ramen (p. 19)
2 puñados de brotes de soja
200 g (7 oz) de noodles ramen frescos (p. 40) o 120 g (4 ½ oz) de noodles ramen secos
5 cm (2 in) del extremo blanco de un puerro, en rodajas finas
¼ de cdta. de pimienta de Sichuan recién molida

Para mí, una de las mejores cosas de comer pato pekinés en mi restaurante chino preferido es la sopa de pato con que lo acompañan. Es transparente y sedosa, con un sabor complejo pero ligero que nutre y reconforta.

Cuando cocino pato (o cualquier otra ave) en casa, guardo automáticamente la carcasa para usarla en un caldo más adelante. Preparar el delicado y refinado caldo de pato del que tanto disfruto cuando salgo a comer fuera supera con creces mis habilidades, pero un día, mientras experimentaba con un caldo de pato asado, se me antojó ramen. Así que este plato es una especie de cruce inspirado en mi amor por el transparente y nutritivo caldo de pato chino y por el ramen *shoyu* japonés.

Una vez usados en este caldo *chintan*, los ingredientes se pueden reutilizar para preparar *paitan* (p. 51). La prolongada ebullición ablanda los huesos por completo, libera todo el sabor y disuelve el tejido conectivo en el caldo. No es obligatorio hacer los dos procesos y, si lo deseas, puedes saltar directamente al *paitan*.

En mi caso, y en función del humor del que esté ese día, opto por el transparente caldo *chintan* o por el espeso y cremoso *paitan*. Elijas el que elijas, ambos son deliciosos y están repletos de sabor a pato.

Precalienta el horno a 200-180 °C con ventilador (400 °F/Gas 6).

Corta las pechugas del pato (resérvalas en el frigorífico) y deposita la carcasa en una bandeja de horno. Pinta toda la superficie del pato con la mezcla de miel y agua y sazónala. Mete la bandeja en el horno 45 min o hasta que el pato se dore.

Retira la bandeja del horno y espera a que el pato se enfríe un poco antes de pasarlo a una tabla de cortar grande. Usa un cuchillo o tijeras de pollero para cortar la carcasa en cuatro o cinco trozos grandes. Colócalos en una olla grande y vierte por encima la mitad de los jugos de la bandeja de horno. Vierte la otra mitad en un tarro o en un recipiente y métalo en el frigorífico. Las impurezas descenderán al fondo y la deliciosa grasa, blanca y cremosa, se solidificará en la superficie.

Añade a la olla las patas de pollo, el rábano *daikon*, el puerro, el jengibre, el vino de *Shaoxing* y la salsa de soja clara. Agrega el agua fría necesaria para que todos los ingredientes queden sumergidos (unos 3-4 l [105-140 fl oz]). Lleva la olla a ebullición a 96 °C (204 °F) si usas termómetro de cocina, o a una ebullición suave si no, y mantén esta cocción suave 3 horas. Si el agua se evapora y expone los ingredientes, añade más en tandas de 200 ml (7 fl oz). Pasa el caldo por un colador de malla fina forrado con una tela de muselina. No aprietes los ingredientes sólidos, porque enturbiarían el caldo. Desecha los sólidos. Reserva y decanta el caldo que sobre, viértelo en contenedores y congélalo hasta 3 meses.

Para cocinar las pechugas de pato, deposítalas con la piel hacia abajo en una sartén fría a fuego medio. A medida que se caliente, la piel liberará la grasa y se tostará. Esto tardará unos 10 min aproximadamente. Da la vuelta a las pechugas y cocínalas 3-4 min más por el otro lado. Sácalas de la sartén y déjalas reposar al menos 10-15 min. No te preocupes de que se enfríen, se volverán a calentar cuando las sirvas en el caldo.

Funde la grasa de pato solidificada en el frigorífico (desecha los residuos) en unan sartén a fuego medio y añade el ajo. Sofríelo hasta que se empiece a dorar, retira la sartén del fuego y agrega la pimienta de Sichuan molida y la cebolla en polvo. Mézclalo todo bien y reserva.

Calienta el caldo de pato a fuego bajo. Deposita el huevo ramen en un cazo y cúbrelo con agua hirviendo para que se caliente poco a poco. Blanquea los brotes de soja en agua hirviendo 30 segundos. Sácalos con una rasera y resérvalos. En esa misma agua, cuece los noodles ramen según las instrucciones de la p. 43 o del fabricante, escúrrelos y enjuágalos con abundante agua fría, para evitar que se peguen.

Corta las pechugas de pato reposadas en rodajas de 1 cm (½ in). Estruja ligeramente las rodajas de la parte blanca del puerro para separar los aros.

Para montar los boles, condimenta cada uno con 1 cda. de salsa de soja clara, 2 cdas. de *mirin*, ½ cdta. de *dashi* en polvo, ¼ cdta. de de sal, ½ cdta. de pimienta negra recién molida, 1 cdta. de semillas de sésamo y 1 cdta. de jalapeños encurtidos. Vierte 300 ml (10½ fl oz) de caldo de pato caliente y remueve para mezclarlo todo.

Añade los noodles a los respectivos boles y remátalos con las rodajas de pechuga de pato, la mitad de un huevo ramen, brotes de soja blanqueados y aros de puerro. Riega ligeramente con la grasa de pato aromatizada y, con la ayuda de un tamiz o colador, espolvorea por encima granos de pimienta de Sichuan molidos.

NOTA
Una carcasa de pato entera asada con anterioridad funcionará a la perfección para el ramen con *chintan* o *paitan* de pato. También puedes usar un pato entero, ya sea fresco o congelado.

Ramen con paitan de pato asado

RACIONES 2 · **PREPARACIÓN** 1 HORA · **COCCIÓN** 4-6 HORAS

Para el caldo
1 pato entero (2-2,5 kg [4 lb 8 oz-5 lb 8 oz]), preferiblemente con los menudillos
1 cda. de miel mezclada con 1 cda. de agua
1 cda. de sal marina
400 g (14 oz) de patas de pollo
200 g (7 oz) de rábano *daikon*, cortado en trozos de 5 cm (2 in)
1 puerro, limpio y cortado por la mitad
1 trozo de jengibre fresco de 5 cm (2 in), en rodajas
200 ml (7 fl oz) de vino de arroz de *Shaoxing*
3 cdas. de salsa de soja clara
1,5 l (52 fl oz) de agua fría

Para la grasa de pato aromatizada
1 diente de ajo, rallado
1 cdta. de salsa *hoisin*
1 cdta. de cebolla en polvo

Para condimentar los boles
2 cdas. de salsa de soja clara
4 cdtas. de *mirin*
1 cdta. de *dashi* en polvo
½ cdta. de sal marina
1 cdta. de pimienta negra recién molida
4 cdtas. de semillas de sésamo tostadas
½ cdta. de cebolla en polvo

Para servir
100 g (3½ oz) de *choi sum* o *pak choi* (*bok choy*)
2 puñados de brotes de soja
200 g (7 oz) de noodles ramen frescos (p. 40) o 120 g (4½ oz) de noocles ramen secos
1 huevo ramen (p. 19)
5 cm (2 in) del extremo blanco de un puerro, en rodajas finas
1 cebolleta, en rodajas finas

El caldo *paitan* es espeso y cremoso, porque la ebullición rápida agita el agua hasta tal punto que emulsiona las grasas y adquiere un aspecto más denso.

Precalienta el horno a 200-180 ° con ventilador (400 °F/Gas 6).

Corta las pechugas del pato (resérvalas en el frigorífico) y deposita la carcasa en una bandeja de horno. Pinta toda la superficie del pato con la mezcla de miel y agua y sazónala. Mete la bandeja en el horno 45 min o hasta que el pato se dore.

Retira la bandeja del horno y espera a que el pato se enfríe un poco antes de pasarlo a una tabla de cortar grande. Usa un cuchillo o tijeras de pollero para cortar la carcasa en cuatro o cinco trozos grandes. Deposítalos en una olla a presión o en una olla convencional grande y vierte por encima la mitad de los jugos de la bandeja de horno. Vierte la otra mitad en un tarro o en un recipiente y métela en el frigorífico. Las impurezas descenderán al fondo y la deliciosa grasa, blanca y cremosa, se solidificará en la superficie.

Si usas una olla a presión, añade las patas de pollo, el rábano *daikon*, el puerro, el jengibre, el vino de *Shaoxing* y la salsa de soja clara. Cubre los ingredientes con el agua fría. Lleva a ebullición a fuego medio-alto. Cuando por la válvula de escape salga un chorro constante, baja el fuego para mantener el chorro. Mantén la olla a esa temperatura 1 hora y 30 min. Entonces, apaga el fuego y espera a que la olla pierda toda la presión (puede tardar entre 10 y 15 min). Destápala y deja que el caldo se enfríe 20 min más. No te saltes este paso, porque el caldo preparado en una olla a presión alcanza y conserva una temperatura elevadísima.

Si usas una olla convencional, agrega las patas de pollo, el rábano *daikon*, el puerro, el jengibre, el vino de *Shaoxing* y la salsa de soja clara. Cubre los ingredientes con 2 ½ l (8 fl oz) de agua fría. Cuece 4 horas a fuego alto y mantén una ebullición viva. Si el agua se evapora y expone los huesos, añade más. Es posible que lo tengas que hacer varias veces.

Cuando el caldo esté listo, tritura la carcasa ablandada con una batidora de mano hasta que obtengas una crema con una consistencia parecida a unas gachas espesas.

→

Forra un colador con una tela de muselina, cuela el caldo de dos en dos cucharones y presiona los sólidos para escurrirlos. Habrá muchos sólidos, por lo que sácalos del colador cada vez. Vierte el caldo colado a una cazuela grande y limpia, y calienta a fuego bajo mientras preparas el resto de los ingredientes.

Para cocinar las pechugas de pato, deposítalas con la piel hacia abajo en una sartén fría a fuego medio. A medida que se caliente, la piel liberará la grasa y se tostará. Esto tardará unos 10 min aproximadamente. Da la vuelta a las pechugas y cocínalas 3-4 min más por el otro lado. Sácalas de la sartén y déjalas reposar al menos 10-15 min. No te preocupes de que se enfríen, se volverán a calentar cuando las sirvas en el caldo.

Funde la grasa de pato solidificada en el frigorífico (desecha los residuos) en unan sartén a fuego medio y añade el ajo. Sofríelo hasta que empiece a despedir aromas, retira la sartén del fuego y agrega la salsa *hoisin* y la cebolla en polvo. Bate para que todo se mezcle bien (se separará cuando lo dejes reposar, es normal).

Calienta bien el caldo de pato a fuego bajo y lleva a ebullición otra olla con agua salada. Blanquea el *choi sum* o el *pak choi* (*bok choy*) y los brotes de soja 30 segundos. Sácalos con una rasera y resérvalos. En esa misma agua, cuece los noodles ramen según las instrucciones de la p. 43 o del fabricante, escúrrelos y enjuágalos con abundante agua fría, para evitar que se peguen. Deposita los huevos ramen en un cazo y cúbrelos con agua hirviendo para que se calienten poco a poco. Corta las pechugas de pato reposadas en rodajas de 1 cm (½ in).

Para montar los boles, condimenta cada uno con 1 cda. de salsa de soja clara, 2 cdas. de *mirin*, ½ cdta. de *dashi* en polvo, ¼ de cdta. de sal, ½ cdta. de pimienta negra recién molida, 2 cdtas. de semillas de sésamo y ¼ de cdta. de cebolla en polvo. Vierte 300 ml (10½ fl oz) de caldo de pato caliente y remueve para mezclarlo todo.

Añade los noodles a los respectivos boles y remátalos con las rodajas de pechuga de pato, la mitad de un huevo ramen, brotes de soja blanqueados, la verdura blanqueada y la cebolleta. Riega ligeramente con la grasa de pato aromatizada.

Tsukemen con pato málà

RACIONES 2 · **PREPARACIÓN** 15 MIN · **COCCIÓN** 30 MIN + REPOSO

Para el caldo
600 ml (21 fl oz) de caldo *paitan* de pato (p. 51)
2 cdas. de pasta *málà* (p. 18)
½ cdta. de gelatina en polvo
½ cdta. de *dashi* en polvo

Para condimentar los boles
1 cdta. de aceite de sésamo
1 cdta. de cebolla en polvo
2 cdtas. de jalapeños encurtidos picados
2 cdas. de aceite de pimienta de Sichuan
2 cdtas. de grasa de pato aromatizada (p. 51)
2 cdas. de salsa de soja clara
2 cdtas. de azúcar moreno claro

Para servir
2 pechugas de pato
50 g (1¾ oz) de setas *enoki*
140 g (5 oz) de noodles *tsukemen* (p. 28) o 100 g (3½ oz) de noodles de trigo gruesos
2 huevos ramen (p. 19)
½ cdta. de alga nori en polvo
¼ de cdta. de pimienta de Sichuan recién molida
1 cebolleta, en rodajas finas

Los *tsukemen*, o «noodles para remojar», son un tipo de ramen en el que los noodles se sirven a temperatura ambiente con otros ingredientes y acompañados por un cuenco de sopa caliente. La idea es sumergir los noodles fríos en la sopa caliente, para obtener un contraste magnífico de texturas y temperaturas.

La pasta *málà*, picante y anestesiante, funciona a la perfección con el caldo de pato, al que otorga un intenso y profundo sabor umami. Además, dota de aromas de Sichuan a este plato japonés.

Para cocinar las pechugas de pato, deposítalas con la piel hacia abajo en una sartén fría a fuego medio. A medida que se caliente, la piel liberará la grasa y se tostará. Esto tardará unos 10 min aproximadamente. Da la vuelta a las pechugas y cocínalas 3-4 min más por el otro lado. Sácalas de la sartén y déjalas reposar al menos 10-15 min. No te preocupes de que se enfríen, se volverán a calentar cuando las sirvas en el caldo.

Añade el caldo de pato, la pasta *málà* y la gelatina a un cazo, remueve y lleva a ebullición. Mantén el cazo al fuego hasta que el líquido se haya reducido y espesado un poco. Condimenta con el *dashi* en polvo.

Lleva a ebullición una olla grande con agua salada.

Cuando el agua rompa a hervir, blanquea las setas *enoki* 10 segundos. Sácalas del agua y resérvalas.

Cuece los noodles según las instrucciones de la p. 31 o del fabricante, escúrrelos y enjuágalos con abundante agua fría, para evitar que se peguen. Deposita los huevos ramen en un cazo y cúbrelos con agua hirviendo para que se calienten poco a poco.

Corta las pechugas de pato reposadas en rodajas de 1 cm (½ in).

Para montar los boles, condimenta cada uno con ½ cdta. de aceite de sésamo, ½ cdta. de cebolla en polvo, 1 cdta. de jalapeños encurtidos picados, 1 cdta. de aceite de pimienta, 1 cdta. de grasa de pato aromatizada, 1 cda. de salsa de soja clara y 1 cdta. de azúcar moreno claro. Añade el caldo caliente y remueve bien. Espolvorea por encima el alga nori en polvo y la pimienta de Sichuan molida.

Sirve los noodles, el pato, las setas *enoki*, las cebolletas y los huevos ramen (cortados por la mitad) en una bandeja aparte.

Biang biang con asaduras de pato

RACIONES 2 · **PREPARACIÓN** 40 MIN · **COCCIÓN** 30 MIN

Para la salsa
75 g (2½ oz) de hígados de pato
1 cdta. de harina de maíz
1 cda. de vino de arroz de *Shaoxing*
2 cdtas. de salsa de soja clara
2 cdas. de aceite de sabor neutro
1 cebolla escalonia, en rodajas
1 cdta. de miel
½ cdta. de polvo de cinco especias chinas
2-4 corazones de pato
3 cdas. de caldo *chintan* de pato
  o de pollo (pp. 48 y 20) o agua
360 g (12 ¾ oz) de masa para noodles
  biang biang (p. 44)

Para condimentar los cuencos
2 cdtas. de pasta *málà* (p. 18)
½ cdta. de granos de pimienta de Sichuan
  molidos, tamizados
2 pizquitas de MSG
1 cdta. de cebolla en polvo
2 cdtas. de grasa de pato o de pollo

Para servir
200 g (7 oz) de *pak choi* (*bok choy*),
  cortado por la mitad
1 cdta. de semillas de sésamo tostadas
1 cebolleta, en láminas
ajo frito crujiente (opcional)

Me encanta usar el pato entero porque la carcasa y la carne son muy ricas en una grasa deliciosa que, por su intensidad de sabor, acepta multitud de condimentos. Los patos enteros congelados que compro acostumbran a venir con una bolsita que contiene las asaduras (el corazón, el hígado y el cuello). Sólo añado el cuello al caldo, porque el corazón y el hígado no sirven para hacer sopa, pero como no quiero desperdiciarlos, los uso a fin de elaborar un aliño intenso y especiado para los noodles *biang biang*.

Retira los nervios de los hígados de pato para prepararlos. Mezcla la harina de maíz, el vino de arroz de *Shaoxing* y 1 cdta. de la salsa de soja clara y remueve bien. Añade los hígados de pato y rebózalos con la mezcla. Calienta el aceite en una sartén antiadherente o en un wok y fríe los hígados 1-2 min por cada cara. Retíralos de la sartén y sécalos sobre papel de cocina. Fríe la cebolla escalonia hasta que se dore y escúrrela sobre papel de cocina. Reserva.

En un bol, mezcla el resto de salsa de soja clara, la miel y las cinco especias chinas. Agrega los corazones de pato y úntalos bien con la mezcla. Déjalos en este adobo mientras preparas el resto del plato.

Lleva el caldo de pato (o agua) a ebullición a fuego bajo.

Pica finamente los hígados de pato y repártelos entre los dos boles para servir. Añade a cada bol 1 cdta. de pasta *málà*, ¼ de cdta. de granos de pimienta de Sichuan molidos, 1 pizquita de MSG , ½ cdta. de cebolla en polvo y 1 cdta. de grasa de pato o de pollo. Reparte la escalonia crujiente entre los dos boles. Agrega el caldo caliente y aplasta el hígado con el dorso de un tenedor hasta que obtengas una salsa con tropezones.

Calienta una sartén o una plancha hasta que humee. Añade los corazones de pato y ásalos 2 min por cada lado o hasta que se caramelicen y se doren. Córtalos por la mitad longitudinalmente.

Blanquea el *pak choi* (*bok choy*) en agua salada hirviendo 2 min, sácalo con una rasera y resérvalo. Mantén el agua en ebullición.

Estira y cuece los noodles *biang biang* según las instrucciones de la p. 47 y trasládalos directamente de la olla a la salsa de hígado de pato. Incorpora el *pak choi*, los corazones de pato, las semillas de sésamo, la cebolleta y el ajo frito crujiente, si has decidido usarlo.

Noodles con costilla de ternera a la tailandesa

RACIONES 6 · **PREPARACIÓN** 15 MIN · **COCCIÓN** 4 HORAS 15 MIN

Para el caldo
6 dientes de ajo, pelados
100 g (3½ oz) de raíz de cilantro
2 cdtas. de granos de pimienta blanca
4 cdas. de aceite de sabor neutro
1,8 kg (4 lb) de costilla de ternera (o 6 costillas cortas, con el hueso), o 1,2 kg (2 lb 12 oz) de jarrete de ternera
1 kg (2 lb 4 oz) de huesos de ternera carnosos/tuétano de ternera
200 ml (7 fl oz) de vino de arroz de *Shaoxing*
4 l (140 fl oz) de agua
500 g (1 lb 2 oz) de patas (o alitas) de pollo
4 estrellas de anís
4 hojas de laurel
2 ramitas de canela
1 cdta. de granos de pimienta de Jamaica (opcional)
75 g (2½ oz) de *galangal*, en láminas finas
5 setas shiitake secas
100 g (3½ oz) de azúcar de palma
250 ml (9 fl oz) de salsa de soja clara
250 ml (9 fl oz) de salsa de condimentos tailandesa
2 cdas. de salsa de soja negra tailandesa

Para condimentar los boles
6 cdas. de zumo de lima
4 cdas. de salsa de pescado tailandesa
¾ de cdta. de MSG

Para servir
6 puñados de brotes de soja
200 g (7 oz) de *seri*, en trozos de 5 cm (2 in)
600 g (1 lb 5 oz) de noodles *ba mee* (p. 24) o 300 g (10½ oz) de noodles de huevo secos
200 g (7 oz) de bolas de tendones de ternera o de bolas de ternera
3 puñaditos de cilantro, picado fino
3 puñaditos de hojas de albahaca tailandesa
2 cdas. de chile asado en polvo (p. 18)

Este plato se inspira en un estofado de ternera de cocción infinita que probé en Bangkok y que venía acompañado de finos noodles *ba mee* servidos en un guiso ardiente con asaduras (vísceras), tripa y bolas de ternera. El cocinero me explicó que la olla no dejaba de hervir nunca y que cada día se le añadían caldo y carne nuevos. Esto significa que el propio guiso condimentaba el plato, en el que una rica y fragante capa de grasa contrastaba con la textura sólida de la tripa ondulada y conseguía una sensación en boca inimitable. Cuando volví a casa, soñé más de una vez con ese plato e hice lo que pude para recrearlo.

Maja el ajo, la raíz de cilantro y los granos de pimienta blanca en un mortero o en un robot de cocina hasta que obtengas una pasta desigual y los aromas empiecen a inundar el aire.

Calienta el aceite a fuego medio-alto en una olla grande. Sofríe la ternera por todas las caras hasta que se dore, sácala de la olla y resérvala. Sofríe la pasta aromática en la misma olla 1 min o hasta que despida aromas. Añade los huesos carnosos y remuévelos para untarlos con la pasta aromática. Vierte el vino de arroz de *Shaoxing* y deja que el alcohol se evapore unos 2-3 min. Agrega el agua, las patas de pollo y la ternera marcada. Añade el resto de aromáticos y de condimentos. Lleva la olla a una ebullición suave y constante y mantén al fuego 3-4 horas. Comprueba el nivel del agua de vez en cuando. Si la evaporación deja los huesos al descubierto, agrega agua hasta que queden sumergidos de nuevo.

Al cabo de unas 3-4 horas, la superficie del caldo debería estar cubierta por una gruesa capa de grasa oscura (consérvala, está deliciosa) y la carne debería estar suave y fundente. Saca la carne con una rasera y espera a que se enfríe un poco antes de desmenuzarla o de cortarla bastamente. Resérvala. Cuela el resto del caldo por un colador de malla fina forrado con una tela de muselina y no aplastes la verdura o los residuos, porque el caldo se enturbiaría. Desecha los sólidos. Limpia la olla, vuelve a verter el caldo en ella y caliéntalo a fuego bajo.

Lleva a ebullición otra olla con agua salada. Blanquea los brotes de soja y el *seri* en el agua hirviendo 30 segundos. Sácalos y resérvalos. En la misma agua, cuece los noodles hasta que estén al dente y según las instrucciones de la p. 27 o del paquete. Sácalos y enjuágalos con abundante agua fría para evitar que se peguen. Resérvalos. En la misma agua, hierve las bolas de ternera o de tendones de ternera 5 min, sácalas y resérvalas.

Para montar los boles, condimenta cada uno con 1 cda. de zumo de lima, 2 cdtas. de salsa de pescado y ⅛ de cdta. de MSG, antes de añadir 300 ml (10½ fl oz) de caldo humeante. Remueve para que los ingredientes se mezclen bien. Añade los noodles y luego los brotes de soja blanqueados, la ternera desmenuzada, el *seri*, las bolas de ternera y las hierbas frescas. Remata con una pizca de chile asado en polvo.

Sopa aromática con noodles y panapén

V · RACIONES 4 · **PREPARACIÓN** 10 MIN · **COCCIÓN** 1 HORA 20 MIN

3 dientes de ajo, pelados
40 g (1½ oz) de raíz de cilantro
1 cda. de granos de pimienta blanca
4 cdas. de aceite de sabor neutro
2 latas de 565 g (1 lb 4 oz) de panapén verde, escurrido
4 cdas. de vino de arroz de *Shaoxing*
2 l (70 fl oz) de caldo de cebolla asada (p. 19)
2 estrellas de anís
2 hojas de laurel
1 ramita de canela
30 g (1 oz) de *galangal*, en láminas finas
2 setas shiitake secas
50 g (1¾ oz) de azúcar de palma
125 ml (4 fl oz) de salsa de soja clara (la tailandesa es la que va mejor)
125 ml (4 fl oz) de salsa de condimentos tailandesa
1 cda. de salsa de soja negra tailandesa

Para condimentar los boles
4 cdas. de zumo de lima
8 cdtas. de salsa de ostras vegetariana
½ cdta. de MSG

Para servir
2 cdas. de aceite de sabor neutro
1 cda. de mantequilla o de mantequilla vegana
250 g (9 oz) de setas *shimeji*
1 cdta. de sal marina
1 cdta. de azúcar moreno claro
200 g (7 oz) de *seri*, en trozos de 5 cm (2 in)
4 puñados de brotes de soja
400 g (14 oz) de noodles *ba mee* (p. 24) o 200 g (7 oz) de noodles de huevo finos secos
1 puñadito de cilantro, troceado
1 puñadito de albahaca tailandesa, deshojada
1 cdta. de chile asado en polvo (p. 18)

Este plato es la versión vegetariana de mi caldo de ternera tailandés preferido. Mi pareja es vegetariana, así que suelo buscar maneras de preparar mis recetas preferidas sin carne.

Maja el ajo, la raíz de cilantro y los granos de pimienta en un mortero o en un robot de cocina hasta que obtengas una pasta desigual y los aromas empiecen a inundar el aire.

Calienta el aceite a fuego medio-alto en una olla grande, añade la pasta aromática y sofríela 1 min o hasta que empiece a despedir aromas. Agrega el panapén y remueve bien para untarlo de la pasta aromática. Vierte el vino de arroz de *Shaoxing* y deja que el alcohol se evapore unos 2 min. Añade el caldo de cebolla y el resto de los aromáticos y condimentos. Lleva a una ebullición suave y mantén al fuego 1 hora. Retira y desecha las hojas de laurel, el anís estrellado, la canela y el *galangal*.

Mientras, calienta el aceite y la mantequilla a fuego medio en una sartén de fondo grueso grande. Añade las setas y la sal y asegúrate de que las setas queden muy separadas. Si están demasiado juntas, hervirán y la sartén se llenará de agua viscosa. Sacude la sartén para que las setas se unten de aceite y deja que se doren. Agrega el azúcar y baja el fuego al mínimo. Remueve las setas de nuevo para que se unten de aceite y mantenlas al fuego 5-6 min o hasta que se caramelicen. Resiste la tentación de remover demasiado. Sacude la sartén y mantén las setas al fuego hasta que se hayan caramelizado más y se hayan oscurecido. Retira del fuego y reserva.

Blanquea el *seri* 30 segundos en una olla de agua hirviendo. Sácalo y reserva. Blanquea los brotes de soja 30 segundos, sácalos y reserva. En la misma olla, cuece los noodles según las instrucciones de la p. 27 o del fabricante, escúrrelos y enjuágalos en abundante agua fría. Reserva.

Para montar los boles, condimenta cada uno con 1 cda. de zumo de lima, 2 cdtas. de salsa de ostras y una pizca de MSG. Añade 300 ml (10½ fl oz) de caldo caliente. Agrega a cada bol los noodles y 4-5 trozos de panapén, setas caramelizadas, *seri*, brotes de soja, cilantro y albahaca tailandesa. Remata con una pizca de chile asado en polvo.

Noodles de borracho con brócoli asado

RACIONES 2 · **PREPARACIÓN** 30 MIN · **COCCIÓN** 20 MIN

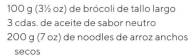

100 g (3½ oz) de brócoli de tallo largo
3 cdas. de aceite de sabor neutro
200 g (7 oz) de noodles de arroz anchos secos
1 cda. de aceite de sésamo
3 dientes de ajo, en láminas
1 chile rojo grande, en láminas
1 chile rojo ojo de pájaro, en láminas
1 cdta. de sal marina
200 g (7 oz) de langostinos grandes sin pelar
1 cda. de vino de arroz de *Shaoxing*
½ cebolla roja, en rodajas finas
½ pimiento rojo, en rodajas finas
1 puñado de hojas de albahaca tailandesa

Para la salsa
3 cdas. de salsa de ostras tailandesa
1 cda. de salsa de pescado tailandesa
1 cda. de salsa de soja clara tailandesa
1 cda. de azúcar moreno claro
½ cdta. de salsa de soja oscura
2 cdas. de agua templada

Se dice que los noodles de borracho vieron la luz como un aromático sofrito de estilo oriental que se solía servir acompañado de alcohol en los locales de copas tailwandeses, de ahí el nombre de *pad kra-pao*, o «sofrito de borracho». Más adelante se añadieron los noodles y así nacieron estos noodles, que ahora se disfrutan en todo el mundo. Normalmente, se usaría albahaca sagrada tailandesa, que es más apimentada que la albahaca tailandesa habitual. Sin embargo, encontrar albahaca sagrada fuera de Tailandia puede ser complicado, por lo que aquí uso albahaca tailandesa.

Aunque lo típico es usar ternera, pollo o cerdo, un día hice este plato con langostinos y verduras sobrantes y me pareció que el crujido umami del brócoli encajaba a la perfección con los noodles.

Precalienta el horno a 200-180 °C con ventilador (400 °F/Gas 6).

Deposita el brócoli en una bandeja de horno y píntalo con 1 cda. de aceite de sabor neutro. Ásalo en el horno 15-20 min o hasta que se empiece a chamuscar. Sácalo del horno y reserva.

Mientras, hierve los noodles de arroz 15 min hasta que estén al dente. Escúrrelos y enjuágalos con abundante agua fría para evitar que se peguen. Añade el aceite de sésamo y remueve bien, para untarlos.

Maja el ajo, los chiles y la sal en el mortero, hasta que obtengas una pasta.

Mezcla los ingredientes de la salsa con 2 cdas. de agua templada. Remueve hasta que el azúcar se haya disuelto.

Cuando estés listo, calienta 2 cdas. de aceite de sabor neutro a fuego alto en un wok. Añade la pasta de ajo y chile y remueve rápidamente 20 segundos. Incorpora los langostinos y sigue removiendo para untarlos en el ajo y el chile. Añade el vino de arroz de *Shaoxing* y deja que hierva 1-2 min. Agrega el brócoli, la cebolla y el pimiento, sin dejar de remover todos los ingredientes en el wok. Sofríe 1 min antes de añadir los noodles al dente. Remueve bien, añade la salsa y vuelve a remover bien para untarlo todo con ella. Mantén el wok al fuego 2-3 min más o hasta que la salsa se haya reducido y los noodles la hayan absorbido ligeramente.

Retira el wok del fuego y agrega las hojas de albahaca tailandesa. Remueve con los noodles hasta que se poche.

Sopa tom yam con noodles

RACIONES 4 · **PREPARACIÓN** 25 MIN · **COCCIÓN** 40 MIN

Para el caldo
8 langostinos grandes con la cabeza
1 cda. de aceite neutro
1 l (35 fl oz) de caldo *chintan* de pollo (p. 20)
6 hojas de lima, rasgadas y majadas
2 tallos de hierba de limón, majados
1 *galangal* de 10 cm (4 in), en láminas finas
1 chile rojo ojo de pájaro (opcional, si te gusta el picante)
325 g (11½ oz) de tomates de pera baby
300 g (10½ oz) de setas de ostra o *shimeji*
2 cdas. de azúcar de palma
2 cdas. de *nam prik pao*
4 cdas. de salsa de pescado
410 g (14½ oz) de leche evaporada

Para condimentar los boles
4 cdas. de zumo de lima
2 cdtas. de azúcar extrafino
4 cdtas. de salsa de pescado

Para servir
400 g (14 oz) de noodles *ba mee* (p. 24) o 200 g (7 oz) de noodles de huevo finos secos
1 puñadito de cilantro, troceado bastamente
1 puñadito de hojas de albahaca tailandesa, deshojada (opcional)

NOTA
Majar y estrujar los ingredientes aromáticos antes de añadirlos al caldo ayuda a liberar los compuestos cuya fragancia tanto nos gusta. Deberíamos cocerlos a fuego lento, como cuando infusionamos un té, para que puedan ceder sus aromas al caldo.

Hay muchísimas versiones de esta sopa tailandesa. Es probable que esta en concreto refleje el sabor de la sopa tom yam que quizás conozcas bien y que forma parte habitual de las cartas de los restaurantes tailandeses fuera de Tailandia. Tradicionalmente, no debería haber leche evaporada. Sin embargo, últimamente se ha vuelto popular y casi todos los vendedores callejeros de Bangkok la usan. Aunque me encanta el sabor que añade la albahaca tailandesa, no es en absoluto un ingrediente habitual de esta sopa.

Retira las cabezas de los langostinos retorciéndolas y estirándolas para separarlas del cuerpo. Resérvalas. Pela los langostinos cortando el dorso de la cáscara con la ayuda de unas tijeras de cocina y descubre el tracto intestinal negro. Retíralo con un palillo y deséchalo. Retira las cáscaras y añádelas a la pila de cabezas. Reserva la carne de los langostinos aparte.

Agrega las cabezas y las cáscaras de langostino al aceite, que habrás calentado a fuego medio en una sartén grande. Sofríelas hasta que adquieran un rojo encendido y despidan aromas, y apástalas con el dorso de una cuchara de madera o de un tenedor. Añade el caldo de pollo y despega los residuos del fondo de la sartén. Lleva a una ebullición suave. Incopora las hojas de lima, la hierba de limón, el *galangal* y el chile entero, si has decidido usarlo. Deja que el caldo hierva con suavidad 5-10 min (si te pasas, los delicados aromas se perderán). Cuela el caldo en un colador de malla fina forrado con una tela de muselina y devuelve el caldo a la sartén.

Añade los tomates, las setas y el azúcar de palma y hierve con suavidad 3-4 min o hasta que el azúcar se haya disuelto. Baja el fuego al mínimo y agrega el *nam prik pao*, la salsa de pescado y la leche evaporada. Remueve para que todo se mezcle bien. Añade los langostinos y mantenlos a fuego bajo 1-2 min o hasta que justo adquieran un tono rosado. Una vez cocidos, sácalos del caldo y resérvalos.

Lleva a ebullición una olla grande con agua salada. Cuece los noodles siguiendo las instrucciones de la p. 27 o del fabricante, escúrrelos y enjuágalos con abundante agua fría. Reserva.

Para montar los boles, condimenta cada uno con 1 cda. de zumo de lima, ½ cdta. de azúcar y 1 cdta. de salsa de pescado. Añade 300 ml (10 ½ fl oz) de caldo, reparte los tomates y las setas por igual entre los boles y remueve bien. Deposita los noodles *ba mee* en el centro y remátalos con los langostinos, el cilantro y la albahaca tailandesa, si has decidido usarla.

Tsukemen con pollo y cangrejo picantes

RACIONES 2 · **PREPARACIÓN** 15 MIN · **COCCIÓN** 1 HORA 15 MIN

Para el *chashu* de pollo
1 cda. de aceite de sabor neutro
2 muslos de pollo sin piel
80 ml (2 ½ fl oz) de sake
80 ml (2 ½ fl oz) de salsa de soja clara
80 ml (2 ½ fl oz) de *mirin*
2 cdas. de azúcar moreno claro
200 ml (7 fl oz) de agua
2 cebolletas, en trozos de 5 cm (2 in)
1 trozo de jengibre de 2,5 cm (1 in), en láminas

Para condimentar los boles
2 cdas. de salsa de soja clara
4 cdtas. de *mirin*
4 cdtas. de sake
2 cdtas. de azúcar moreno claro
1 cdta. de cado de pollo en polvo (véase la nota en la p. 13)
2 cdas. de *gochujang*

Para servir
650 ml (22 fl oz) de caldo *paitan* de pollo (p. 51)
140 g (5 oz) de fideos *tsukemen* (p. 28) o 100 g (3½ oz) de fideos de trigo gruesos secos
6 cdas. de carne de cangrejo oscura y clara
1 puñadito de cebollino, en rodajas finas
1 lámina de alga nori tostada, cortada por la mitad longitudinalmente

Este bol equilibra a la perfección la contundencia del pollo con la ligereza y el frescor del cangrejo.

Precalienta el horno a 150-130 °C con ventilador (300 °F/Gas 2).

Calienta el aceite en una sartén grande apta para horno a fuego medio-alto. Dora los muslos de pollo por ambos lados. Añade el sake, la salsa de soja clara, el *mirin*, el azúcar y el agua. Agrega la cebolleta y el jengibre. Tápalo todo bien con dos capas de papel de aluminio y ásalo en el horno 1 hora o hasta que el pollo se empiece a fundir.

Calienta el caldo a fuego bajo.

Lleva a ebullición una olla grande con agua salada.

Cuece los fideos según las instrucciones de la p. 31 o del fabricante, escúrrelos y enjuágalos con abundante agua fría para evitar que se peguen.

Para montar los boles, condimenta cada uno de ellos con 1 cda. de salsa de soja clara, 2 cdtas. de *mirin*, 2 cdtas. de sake, 1 cdta. de azúcar moreno claro, ½ cdta. de caldo de pollo en polvo y 1 cda. de *gochujang*. Añade 300 ml (10½ fl oz) de caldo *paitan* de pollo a cada bol y remueve bien para mezclar los ingredientes y disolver el *gochujang*. Reparte la carne de cangrejo entre los boles, sobre la superficie del caldo, y esparce por encima el cebollino picado. En otra bandeja, deposita los noodles *tsukemen* y el chashu de pollo. Para terminar, pega la lámina de alga nori tostada a un lateral del bol con el 1 cm (½ in) inferior sumergido en el caldo.

Tsukemen tonkotsu

RACIONES 6 (MÁS EL CALDO SOBRANTE) · **PREPARACIÓN** 45 MIN · **COCCIÓN** 3 ½–6 ½ HORAS

Para el caldo
1 kg (2 lb 4 oz) de huesos de cerdo
1 ½ kg (3 lb 5 oz) de alitas de pollo
500 g (1 lb 2 oz) de patas de pollo
700 g–1 kg (1 lb 9 oz–2 lb 4 oz) de panceta de cerdo, con la piel separada
1 trozo de jengibre de 1 cm (½ in), en láminas
10 dientes de ajo, pelados
1 cebolla grande, a cuartos

Para el chashu de cerdo
1 cda. de aceite de sabor neutro
80 ml (2½ oz) de sake
80 ml (2½ oz) de salsa de soja clara
80 ml (2½ oz) de *mirin*
2 cdas. de azúcar moreno claro
200 ml (7 fl oz) de agua
2 cebolletas
1 trozo de jengibre de 2,5 cm (1 in), en láminas

Sal de *katsuobushi*
2 cdas. de *katsuobushi*
1 cda. de sal marina

Para condimentar los boles
6 cdas. de salsa de soja clara
3 cdas. de *mirin*
2 cdas. de sake
3 cdtas. de *dashi* en polvo
1 ½ cdta. de sal de *katsuobushi*
6 cdtas. de azúcar moreno claro
1 ½ cdta. de cebolla en polvo

Este bol es una recreación casera de un plato que comí en el restaurante Fūunji de Shinjuku (especializado en unos *tsukemen* que han llegado a ganar premios) y que fue una de las comidas más memorables cuando estuve en Japón. De vuelta en casa, se me antojaba a diario. Se trataba de un caldo espeso y gris, rematado por un pequeño montículo de *katsuobushi* molido. Los noodles eran gruesos y elásticos y ofrecían la resistencia ideal al mordisco. Lo más memorable de todo era el propio chef Miyake, cuya habilidad a la hora de servir lo convertía en un artista. La experiencia de comer el plato en casa es distinta, pero los sabores son tan fieles al original como he sido capaz de recrear. Se puede preparar en una olla convencional o a presión.

Deposita los huesos de cerdo, las alitas y las patas de pollo y la piel de la panceta en una olla grande y cubre todos los ingredientes con agua fría. Lleva a ebullición rápida y cuece 3-5 min o hasta que sobre la superficie se hayan formado mucha espuma y una capa de residuos. Cuela con cuidado los huesos y desecha el agua. Limpia y enjuaga los huesos en abundante agua fría y retira la sangre seca, la suciedad y los residuos que puedan quedar.

Si usas una olla a presión, mete los huesos de cerdo, las alitas y las patas de pollo y la piel de la panceta en la olla y cubre todos los ingredientes con 4 l (140 fl oz) de agua. Cuece a alta presión 2 horas. Deja escapar el vapor y añade el jengibre, el ajo y la cebolla. Lleva a ebullición y mantén la olla al fuego 1 hora más.

Si usas una olla convencional, vuelve a meter los huesos de cerdo, las alitas y las patas de pollo y la piel de la panceta en la olla grande y cúbrelos con 4 l (140 fl oz) de agua. Lleva a ebullición a fuego alto y mantén el hervor vivo 6 horas. Si el agua se evapora y los huesos quedan descubiertos, añade más agua (es posible que lo tengas que hacer varias veces). Después de 5 horas, agrega el jengibre, el ajo y la cebolla y prolonga el hervor 1 hora más.

Mientras, precalienta el horno a 120-100 °C con ventilador (250 °F/Gas ½).

Calienta el aceite a fuego medio-alto en una sartén grande apta para horno. Tuesta la panceta por todas las caras y pásala a una bandeja. Añade a la sartén el sake, la salsa de soja clara, el *mirin*, el azúcar y el agua y caliéntalo todo poco a poco, mientras despegas los residuos del fondo de la sartén. Agrega la cebolleta y el jengibre y devuelve la panceta a la sartén. Hazla girar para que quede bien untada en la salsa. Tapa la sartén con fuerza con dos capas de papel de aluminio y métela en el horno 3 horas o hasta que la carne se haya ablandado hasta estar fundente. Espera a que la panceta se enfríe un poco antes de trasladarla a un recipiente junto a todo el líquido de la cocción. Mete el recipiente en el frigorífico, para que la carne se enfríe y resulte más fácil de cortar.

Cuando el caldo esté terminado, la mayoría de los huesos se tendrían que haber ablandado. Si alguno de los más grandes y sólidos aún está entero, sácalo y deséchalo. Deja enfriar el caldo. Tritura con una batidora de mano las verduras y los huesos ablandados hasta que obtengas un caldo desigual con consistencia de gachas. Forra un colador de malla fina con una tela de muselina y cuela el caldo. Presiona la pulpa y los residuos para extraer tanto líquido como sea posible. Vierte el caldo en un recipiente y guárdalo en el frigorífico hasta que lo necesites. Es mejor que lo sirvas al día siguiente (¡en la p. 10 descubrirás por qué!), pero si quieres lo puedes usar el mismo día.

Muele a sal y las escamas de *katsuobushi* en un mortero hasta que obtengas un polvo grueso. Reserva.

Cuando vayas a servir, calienta 300 ml (10½ fl oz) de caldo a fuego medio en un cazo. Mete los huevos ramen en una jarra y llénala de agua hirviendo, para que se calienten poco a poco.

Lleva a ebullición una olla grande con agua salada.

Cuece los noodles según las instrucciones de la p. 31 o del fabricante, escúrrelos y enjuágalos con abundante agua, para evitar que se peguen.

Reparte los noodles en seis platos soperos o boles, junto a 100 g (3½ oz) de cerdo y ½ huevo ramen en cada uno. Esparce la cebolleta por encima.

Para montar los boles, condimenta cada uno con 1 cda. de salsa de soja clara, 2 cdtas. de *mirin*, 2 cdtas. de sake, ½ cdta. de *dashi* en polvo, ¼ de cdta. de sal de *katsuobushi*, 1 cdta. de azúcar moreno claro y ¼ de cdta. de cebolla en polvo. Añade 100 ml (3½ fl oz) de caldo caliente a cada bol y remueve para mezclar bien. Pega la lámina de alga nori tostada al borde de cada cuenco con el centímetro inferior (½ in) sumergido en el caldo. Remata los boles con un montoncito de ½ cdta. de sal de *katsuobushi* y sírvelos acompañados de los platos o boles de noodles.

Para servir
420 g (15 oz) de noodles *tsukemen* (p. 28) o 300 g (10½ oz) de noodles de trigo gruesos secos
3 huevos ramen (p. 19)
4 cebolletas, en tiras finas y en un cuenco de agua helada
2 láminas de alga nori tostada, cada una de ellas cortada en 6 trozos

Noodles de ternera al estilo de Lanzhou

RACIONES 6 · **PREPARACIÓN** 1 HORA · **COCCIÓN** 3 HORAS 30 MIN

Para el caldo

1 kg (2 lb 4 oz) de huesos de ternera carnosos
300 g (10½ oz) de rabo de buey
800 g (1 lb 12 oz) de jarrete de ternera o de carne de ternera para estofado
1 cda. de granos de pimienta de Sichuan
1 ramita de canela de 4 cm (1½ in)
1 cdta. de clavos de olor
1 cda. de semillas de hinojo
3 estrellas de anís
4 hojas de laurel
1 vaina de cardamomo negro
6 trozos de *sha jiang* (véase la nota en la p. 72)
5 láminas de regaliz (véase la nota en la p. 72)
2 cdas. de sal marina
1 trozo de jengibre de 10 cm (4 in), en láminas
5 cebolletas, con la parte blanca majada y la verde, en tiras finas
4 l (140 fl oz) de agua fría
1 rábano *daikon* de 10 cm (4 in), a cuartos y en láminas de 2mm (1/16 in)

Para condimentar los boles

¾ de cdta. de sal marina fina
¾ de cdta. de MSG
1½ cdtas. de azúcar moreno claro

Para servir

720 g (1 lb 9 oz) de noodles estirados a mano (p. 32) o 400 g (14 oz) de noodles de trigo redondos gruesos
6 cdas. de aceite de pimienta de Sichuan o de aceite picante con chili crujiente
2 puñaditos de cilantro, picado grueso

La jornada típica de la mayoría de los habitantes de Lanzhou, la capital de la provincia de Gansu, en el noroeste de China, comienza con un bol de caldo de ternera transparente y fragante y noodles *la mian* (estirados a mano) de Lanzhou. Más de 20 000 locales de noodles de ternera venden boles humeantes de este plato, que montan en menos de 30 segundos.

Tuve la suerte de acudir a la escuela de noodles de Lanzhou y estudiar allí unos días mientras estuve en China. El curso de 30 días da acceso a una prestigiosa cualificación que permite a los graduados abrir su propio local de noodles. Sin embargo, no es una hazaña fácil de conseguir. Las jornadas son muy largas e incluyen un duro trabajo manual, con hasta 6 horas del día invertidas en amasar para aprender la consistencia correcta para estirar los noodles. Los alumnos duermen en las instalaciones y, con frecuencia, siguen practicando mucho después de que la jornada de formación haya terminado, por lo que conseguir la cualificación es, literalmente, una empresa a jornada completa. El programa se centra en los noodles *la mian*, en la elaboración del caldo y en el dominio del aceite de pimienta.

Para hacer los noodles correctamente, se necesita una formación experta, mucha práctica y *penghui*, una sustancia alcalina que se halla en el noroeste de China. Se obtiene de la planta desértica autóctona *penghuicao* (*Halogen arachoideus*) y el *penghui*, al que en la escuela solían llamar «ceniza», no está disponible fuera de China. Por eso, he sustituido los noodles de Lanzhou por noodles estirados a mano que necesitan un reposo prolongado para adquirir elasticidad. También puedes usar noodles de trigo gruesos secos. Claro que, si alguna vez tienes la oportunidad de probar los originales, no la dejes escapar. Es algo verdaderamente especial.

Deposita los huesos, el rabo de buey y la carne en una olla grande y cubre todos los ingredientes con agua. Lleva a ebullición y hierve a fuego vivo 2 min. Con cuidado, pasa los huesos y la carne a un colador y desecha el agua. Limpia la olla y espera a que los huesos se enfríen antes de enjuagarlos y de limpiar la sangre seca o los residuos que puedan quedar pegados.

Devuelve la carne y los huesos a la olla limpia, añade todas las especias y la sal, el jengibre y la parte blanca de las cebolletas. Agrega 4 l (140 fl oz) de agua fría, o la que necesites para que los ingredientes queden completamente sumergidos. Lleva a una ebullición constante y mantén el hervor 3 horas. Si la carne o los huesos quedan expuestos por la evaporación del agua, añade más líquido.

Si vas a servir el caldo con noodles estirados a mano, ahora es un momento ideal para preparar la masa y dejarla reposar antes de servir (p. 32).

Una vez pasadas las 3 horas, el caldo debería ser muy aromático y haber desarrollado una capa de grasa brillante en la superficie. Añade el rábano *daikon* y prolonga la cocción 15 min más. Saca el rábano *daikon* y resérvalo.

Saca el jarrete y el rabo de buey de la olla. Desmenuza la carne del rabo y corta el jarrete en rodajas. Reserva la carne para servir y desecha los huesos.

Cuela el caldo con un colador de malla fina y desecha los ingredientes sólidos.

Lleva a ebullición una olla grande con agua salada.

Cuece los noodles según las instrucciones de la p. 35 o del fabricante, escúrrelos y enjuágalos en abundante agua fría. Resérvalos.

Para montar los boles, condimenta cada uno con ⅛ cdta. de sal, ⅛ cdta. de MSG, ¼ de cdta. de azúcar y 1 cda. de la parte verde de las cebolletas. Añade a cada bol 300 ml (10½ fl oz) de caldo caliente, remata con una ración de noodles, la carne que has reservado y el rábano *daikon* laminado. Remata con un buen chorro de aceite de pimienta y cilantro.

NOTA

El *sha jiang* (*Kaempferia galanga*) se acostumbra a traducir y a etiquetar como «jengibre seco troceado» y viene en forma de trozos nudosos de color pálido y del tamaño de una moneda pequeña. La raíz de regaliz suele venir entera (en forma de ramitas rectas) o en rodajas. Ambos ingredientes son fáciles de encontrar en la sección de hierbas medicinales de los supermercados chinos, pero replicar su aroma y su sabor es muy difícil: si no los encuentras, no los sustituyas.

Noodles secos picantes

RACIONES 2 · **PREPARACIÓN** 15 MIN · **COCCIÓN** 10 MIN

240 g (8½ oz) de masa para noodles estirados a mano (p. 32) o 100 g (3½ oz) de noodles de trigo gruesos secos
200 ml (7 fl oz) de caldo maestro (p. 21)
1 *pak choi* (*bok choy*) o *choi sum*, sin las hojas

Para condimentar los boles
⅛ cdta. de MSG
¼ de cdta. de polvo de cinco especias chinas
1 cebolleta, en láminas finas
2 cdas. de *sui mi ya cai* (hojas de mostaza encurtidas)
1 diente de ajo, rallado
1-2 cdas. de aceite de pimienta de Sichuan
2 cdas. de vinagre de arroz negro Chinkiang
2 cdtas. de aceite de sésamo tostado
2 cdas. de pasta de sésamo chino (diluida en 1 cda. de agua hirviendo)
1 cdta. de salsa de soja oscura
1 cdta. de azúcar moreno claro

Los noodles secos picantes, o *re gan mian*, son un desayuno típico en Wuhan, en la provincia china de Hubei. Tradicionalmente, se sirven con noodles alcalinos, pero también disfruto de los sabores de este plato combinados con la firmeza de los noodles estirados a mano. Los ingredientes que se añaden dependen de cada vendedor y pueden ir desde rábano en conserva hasta cacahuetes molidos. A mí me encantan con verduras de hoja verde blanqueadas, pero no es lo habitual.

Ten preparada la masa para noodles estirados a mano, que ha de haber reposado 2-3 horas (p. 35). Lleva a ebullición una olla grande con agua salada.

Calienta el caldo hasta que humee. Reparte todos los ingredientes para condimentar los boles entre dos cuencos. Añade el caldo humeante. Remueve bien para que los ingredientes se mezclen.

Blanquea el *pak choi* (*bok choy*) o el *choi sum* 30 segundos, sácalo del agua y reserva. (Deja el agua de la olla para los noodles.)

Mientras la salsa reposa, sigue las instrucciones de la p. 35 para estirar y cocer los noodles. Cuando asciendan a la superficie del agua hirviendo, deberían estar resbaladizos y tener un aspecto sedoso. Escúrrelos, añádelos a la salsa en los cuencos y remueve. Si usas noodles secos, cuécelos según las instrucciones del fabricante y escúrrelos, agrégalos a los boles y remueve. Sirve los boles acompañados del *pak choi* blanqueado.

Fideos de cristal con langostinos a la cazuela

RACIONES 2 · **PREPARACIÓN** 40 MIN + REMOJO · **COCCIÓN** 20 MIN

100 g (3½ oz) de fideos vermicelli de judía mungo
1 cda. de salsa de soja clara tailandesa
2 cdas. de salsa de ostras tailandesa
1 cda. de salsa de condimentos tailandesa
1 cdta. de salsa de soja negra tailandesa
1 cda. de vino de arroz de *Shaoxing*
1 cda. de azúcar moreno claro
1 cdta. de aceite de sésamo
40 g de (1½ oz) de raíz de cilantro
1 cdta. de sal marina
3 cdtas. de granos de pimienta negra
2 cdas. de aceite de sabor neutro
½ cebolla pequeña, en rodajas finas
2 dientes de ajo, en láminas finas
1 trozo de jengibre de 2,5 cm (1 in), rallado
6 langostinos grandes, con cabeza y sin pelar
100 g (3½ oz) de panceta de cerdo, en láminas finas
1 cda. de pimienta negra recién molida
4 cebolletas, cortadas por la mitad

Este plato proviene del plato tailandés-chino *kung op wun sen*. Sin embargo, como no contiene apio chino (uso cebolletas) ni lo cocino en un horno de carbón tailandés (se llaman *tao*), no estoy segura de que le pueda dar ese nombre. Lo que sí es esencial es que uses una cazuela de arcilla (la mía mide 22 cm [8 ½ in] de diámetro) y, si quieres una tradicional oriental, la puedes comprar en línea o en supermercados asiáticos.

Investigar me ha llevado a descubrir que, aunque se cree que el *kung op wun sen* es de origen chino, se adaptó con aromáticos intensos para que encajara mejor con el paladar tailandés. El aroma del plato, por obra y gracia de la pimienta negra y de la pasta aromática, es un elemento crucial. Se huele antes de saborearlo.

Es importante que uses salsa de soja, salsa de ostras y salsa de condimentos tailandesas, porque, de otro modo, no conseguirás el mismo sabor. (En las pp. 16-17 encontrarás mis marcas preferidas.)

Deposita la cazuela en el fregadero y sumérgela por completo en agua fría. Deja que se enfríe mientras preparas los ingredientes.

Hierve los fideos vermicelli de judía mungo 25 min o hasta que estén al dente. Una vez se hayan ablandado, escúrrelos y enjuágalos en abundante agua fría. Resérvalos.

Mezcla la salsa de soja clara, la salsa de ostras, la salsa de condimentos, la salsa de soja negra, el vino de arroz de *Shaoxing*, el azúcar moreno claro y el aceite de sésamo. Vierte la mitad de esta mezcla sobre los fideos y remueve bien.

Lamina la raíz de cilantro en trocitos pequeños y métela en un mortero junto a la sal y los granos de pimienta negra. Májalo todo con una mano de mortero hasta que obtengas una pasta gruesa. También puedes usar una batidora de mano. En una sartén de fondo grueso a fuego medio, fríe la pasta en 1 cda. de aceite de sabor neutro junto a la cebolla, el ajo y el jengibre 3-4 min o hasta que empiecen a despedir aromas. La cebolla debería conservar la forma y la textura, no dejes que se ablande demasiado. Retira del fuego y reserva.

Para desvenar los langostinos, corta el dorso de la cáscara con tijeras de cocina. Extrae el tracto intestinal con un palillo y deséchalo.

Escurre el agua del fregadero y seca la cazuela a toquecitos con un paño. Agrega el aceite que queda y usa papel de cocina, o los dedos, para extenderlo por el fondo de la cazuela. Deposita sobre el fondo una capa con las láminas finas de panceta y añade otra capa con la mezcla de cebolla aromatizada. Aplástalo con cuidado con el dorso de una cuchara. Haz otra capa con los langostinos (es importante que estén en una capa uniforme para que se cuezan por igual). Espolvorea los langostinos con pimienta negra recién molida. Añade ahora los fideos aliñados, las cebolletas cortadas por la mitad y vierte la otra mitad de la salsa, que has reservado. Tapa la cazuela y caliéntala a fuego medio-alto. Cuece 8 min, sin destapar la cazuela. Con un guante para horno, retira la cazuela del fuego y espera a que se enfríe. Los langostinos deberían estar rosas y los ingredientes del fondo de la cazuela, crujientes.

Tantanmen

RACIONES 2 · **PREPARACIÓN** 15 MIN · **COCCIÓN** 15 MIN

Para la salsa de carne
1 cda. de aceite de sabor neutro
200 g (7 oz) de carne de ternera picada (< 15 % grasa) o 100 g (3½ oz) de carne de ternera picada y otros 100 g de cerdo picado
1 cdta. de polvo de cinco especias chinas
2 cdas. de vino de arroz de *Shaoxing*
2 cdas. de salsa dulce de habas de soja o de salsa *hoisin*
½ cdta. de salsa de soja oscura
½ cdta. de pimienta negra recién molida

Para condimentar los boles
¼ de cdta. de granos de pimienta de Sichuan, molidos y tamizados
1 cdta. de semillas de sésamo tostado
½ cdta. de azúcar moreno claro
2 cdtas. de vinagre de arroz negro *Chinkiang*
4 cdtas. de salsa de soja clara
2 cdas. de pasta de sésamo china
2 cdas. de aceite de pimienta de Sichuan (o al gusto)

Para servir
2 *pak choi* (*bok choy*), sin las hojas
200 g (7 oz) de noodles ramen frescos (p. 40) o 100 g (3½ oz) de noodles ramen secos
1 huevo ramen (p. 19)
600 ml (21 fl oz) de caldo de pollo o vegetal (pp. 20 y 19)
1 cebolleta, en láminas finas

El *tantanmen* es la versión japonesa de los noodles *dan*, típicos de Sichuan. Los ingredientes son muy similares, con cambios sutiles.

Si quieres transformar la receta en un plato vegano, usa el caldo vegetal, sustituye la carne picada por soja y no uses huevos.

Lleva a ebullición una olla grande con agua salada.

Blanquea el *pak choi* (*bok choy*) 30 segundos, sácalo y resérvalo. Cuece los noodles en la misma agua según las instrucciones de la p. 43 o del fabricante o hasta que estén al dente. Escúrrelos y enjuágalos con abundante agua fría, para evitar que se peguen. Resérvalos.

Para la salsa, calienta el aceite de sabor neutro a fuego alto en una sartén de fondo grueso o en un wok. Añade la carne picada y deja que se caramelice al menos 1 min, sin remover. Ahora, remueve y prolonga la cocción 5-6 min, hasta que haya perdido todo el rosa. Añade el polvo de cinco especias chinas y prolonga la cocción 30 segundos. Agrega el vino de arroz, vuelve a remover e incorpora la salsa dulce de habas de soja o *hoisin*, la salsa de soja oscura y la pimienta negra. Remueve bien, baja el fuego y cocina 2 min más.

Mete el huevo ramen en una taza y llénala de agua hirviendo, para que el huevo se caliente poco a poco. Calienta el caldo hasta que humee.

Para montar el plato, reparte todos los condimentos en dos boles. Añade al caldo caliente y remueve bien para que todo se mezcle. En el último momento, añade los noodles, la salsa de carne, medio huevo ramen, la cebolleta laminada y el *pak choi* (*bok choy*) laminado.

Noodles y pollo al curri de coco

RACIONES 6 · **PREPARACIÓN** 20 MIN · **COCCIÓN** 40 MIN

1 cda. de semillas de cilantro
1 cda. de semillas de comino
4-6 guindillas secas
2 cebollas escalonias, peladas
6 dientes de ajo, pelados
1 trozo de jengibre de 5 cm (2 in), rallado
1 trozo de *galangal* de 2,5 cm (1 in), en láminas finas
1 tallo grande o 2 pequeños de hierba de limón, con los 5 cm (2 in) inferiores en láminas finas y la mitad superior desechada
1 cdta. de curri suave en polvo
20 g (¾ oz) de raíz de cilantro
1 cda. de raíz de cúrcuma, rallada, o ½ cda. de cúrcuma molida
1 cdta. de sal marina
3 cdas. de aceite de sabor neutro
600 ml (21 fl oz) de caldo *chintan* de pollo (p. 20)
2 latas de 400 ml (14 fl oz) de leche de coco entera
3 cdas. de salsa de pescado
2 cdas. de salsa de soja clara tailandesa
3 cdas. de azúcar de palma
800 g (1 lb 2 oz) de cuartos traseros de pollo, con la piel y los huesos

Para los noodles
600 g (1 lb 5 oz) de noodles *ba mee* (p. 24) o 300 g (10½ oz) de noodles ramen secos
500 ml (17 fl oz) de aceite de sabor neutro

Para servir
1 puñadito de brotes de soja
1 puñadito de cilantro, troceado grueso
3 limas, en cuñas
2 cdas. de jalapeños encurtidos picados
2 cebollas escalonias, en rodajas finas
2 guindillas rojas largas, en rodajitas

Este plato es fruto de una larga historia de amor con el *khao soi gai*, una sopa de pollo al coco típica del norte de Tailandia. La pasta de esta receta recuerda a la pasta *khao soi gai* tailandesa, menos la pasta de langostino y el cardamomo negro, que tradicionalmente le aportan una profundidad y una chispa deliciosas y características. Así que esta es mi oda personal al *khao soi gai*. Puedes hacer el doble de pasta y congelar la que sobre en una cubitera, al igual que el caldo, que puedes congelar y disfrutar más adelante en una cena entre semana.

Tuesta las semillas de cilantro y de comino en seco en una sartén hasta que empiecen a despedir aromas. Muélelas en un mortero o en un robot de cocina, junto a las guindillas, las escalonias, el ajo, el jengibre, el *galangal*, la hierba de limón, el curri en polvo, la raíz de cilantro, la cúrcuma, la sal y 1 cda. del aceite hasta que obtengas una pasta lisa.

Calienta las otras 2 cdas. de aceite de sabor neutro en una sartén y sofríe la pasta 3-4 min o hasta que empiece a despedir aromas. Agrega el caldo de pollo y despega la pasta que se pueda haber quedado pegada en el fondo de la sartén. Baja el fuego, añade la leche de coco, la salsa de pescado, la salsa de soja y el azúcar de palma y remueve bien para mezclar. Hierve a fuego bajo hasta que el azúcar se haya disuelto.

Lleva a ebullición a fuego vivo una olla con agua salada y añade los cuartos de pollo. Hiérvelos 3 min y pásalos a un colador, para escurrirlos y enjuagarlos con agua fría. Así retirarás las impurezas y la espuma. Mete el pollo en la sopa de coco y hierve a fuego bajo 25-30 min.

Mientras, lleva a ebullición una olla grande con agua salada. Blanquea los brotes de soja 1 min y resérvalos. Cuece los noodles en la misma agua según las instrucciones de la p. 27 o del fabricante o hasta que estén al dente. Escúrrelos y enjuágalos en abundante agua fría hasta que se hayan enfriado del todo. Agarra dos puñaditos de noodles cocidos y sécalos a toquecitos con papel de cocina para eliminar toda el agua.

Calienta el aceite en una cazuela grande y llévalo a 180 °C (350 °F). Si no tienes termómetro de cocina, mete la punta de un palillo chino de madera o de una cuchara de madera en el aceite. Si este burbujea, está listo. Vierte los puñaditos de noodles uno a uno y fríelos 30 segundos-1 min. Se hincharán y se volverán dorados y crujientes. Retíralos con una rasera y déjalos escurrir sobre papel de cocina. Repite el proceso con el resto de los noodles que has secado y resérvalos.

Sirve la sopa de coco en boles con una ración de noodles cocidos blandos (sin freír) y un trozo de pollo. Pon encima los noodles fritos, el cilantro, una cuña de lima, jalapeños picados, escalonia laminada, los brotes de soja blanqueados y rodajitas de guindilla si te gusta el picante.

Mi ramen vegano definitivo

VG · RACIONES 2 · **PREPARACIÓN** 1 HORA · **COCCIÓN** 50 MIN

Para el caldo
1 boniato (aprox. 300 g [10½ oz])
1 cabeza de ajos
2 cdas. de aceite de sabor neutro
10 tomates de pera baby (multicolores), cortados por la mitad
600 ml (21 fl oz) de caldo de cebolla asada (p. 19)
2 cdas. de *hatcho miso* o de *miso* rojo
3 cdas. de leche de avena

Para las setas nori
1 cdta. de aceite de sabor neutro
150 g (5½ oz) de setas (shiitake, ostra, *shimeji*... ¡una sola o de todo un poco!)
½ cdta. de sal marina en escamas
2 cdtas. de azúcar moreno claro
1 cda. de salsa de soja clara
½ cdta. de salsa de soja oscura
1 cdta. de aceite de sésamo
1 cda. de alga nori en polvo o 1 lámina de alga nori tostada y molida hasta conseguir un polvo fino

Para los garbanzos crujientes
Aceite de sabor neutro, para freír
1 bote de 400 g (14 oz) de garbanzos en conserva, enjuagados y después de haber desechado las pieles sueltas
2 cdas. de leche de avena
1 cda. de harina
3 cdas. de fécula de patata
4 cdtas. de curri suave en polvo
½ cdta. de bicarbonato sódico
1 cdta. de sal marina fina

Para condimentar los platos
2 cdtas. de jalapeños encurtidos (con la salmuera)
1 cdta. de setas en polvo
1 cdta. de cebolla en polvo

Este ramen es una verdadera demostración de amor. No te desanimes ante la larga lista de ingredientes, porque los puedes preparar con antelación y montar el bol en el último momento. Además, el caldo se puede congelar sin problemas.

Precalienta el horno a 180-160 °C con ventilador (350 °F/Gas 4).

Unta el boniato y la cabeza de ajos con 1 cda. del aceite de sabor neutro y envuélvelos bien apretados en papel de aluminio. Deposita los tomates de pera baby sobre una bandeja de horno con la parte cortada hacia abajo, junto al hatillo de boniato y ajo, y riégalos con el resto de aceite. Ásalo todo en el horno 1 hora o hasta que el boniato y los ajos estén completamente blandos y los tomates se hayan caramelizado y estén oscuros. Deposita el boniato en un cuenco y, con cuidado, usa una cuchara para extraer la pulpa (necesitas 180 g [6¼ oz] en total) y estruja la cabeza de ajos para que los ajos salgan y se pelen solos.

Calienta el caldo de cebolla a fuego medio en una olla grande y añade el *miso*, tamizándolo para eliminar los grumos duros. Agrega el boniato y el ajo que has reservado y la leche de avena. Tritúralo todo con una batidora de mano hasta que obtengas una textura homogénea y sin grumos.

Para las setas, calienta el aceite a fuego medio en una sartén grande de fondo grueso. Añade las setas y la sal y asegúrate de que las setas no se amontonen, porque hervirían y se volverían viscosas. Sacude la sartén para que las setas se unten de aceite y sofríelas 2-3 min. Incorpora el azúcar moreno claro y reduce el fuego al mínimo. Vuelve a sacudir las setas y mantenlas al fuego 5-6 min más. Evita la tentación de removerlas o de sacudir la sartén: buscamos un color oscuro y caramelizado. Añade la salsa de soja clara, la salsa de soja oscura y el aceite de sésamo. Remueve para untar las setas de nuevo y deja que se sigan caramelizando 7-8 min. Cuando se hayan caramelizado y estén oscuras, retíralas del fuego y espolvoréalas con el alga nori en polvo. Resérvalas.

Para los garbanzos, vierte el aceite de sabor neutro en un wok o en una cazuela grande y con una profundidad de 5 cm (2 in) y caliéntalo hasta los 150 °C (300 °F). Escurre y seca los garbanzos sobre papel de cocina. Mezcla la leche de avena y la harina en un bol, añade los garbanzos y remueve para rebozarlos. En otro cuenco, mezcla la fécula de patata, 1 cdta. del curri en polvo y el bicarbonato sódico. Agrega los garbanzos y remuévelos bien con las manos (se pegarán, pero es normal).

2 cdtas. de aceite de sésamo
2 cdas. de salsa de soja clara
2 cdtas. de alga *kombu* en polvo
2 cdas. de *mirin*
2 cdtas. de azúcar moreno claro

Para servir
200 g (7 oz) de noodles ramen (p. 40) o 100 g (3½ oz) de noodles ramen secos
200 g (7 oz) de *pak choi* (*bok choy*) o *choi sum*, sin las hojas
2 cebolletas, en rodajas finas
2 cdtas. de aceite de pimienta de Sichuan (opcional)

Si no tienes termómetro, comprueba la temperatura del aceite vertiendo en este una pequeña cantidad de masa, que debería crepitar y ascender a la superficie cuando esté lista. Vierte uno a uno los garbanzos en el aceite caliente y fríelos por tandas (si metes demasiados, la temperatura del aceite bajará y eso no te conviene) hasta que estén crujientes y dorados. Escúrrelos sobre papel de cocina, condiméntalos con la sal y el resto de curri en polvo mientras aún estén calientes. Resérvalos.

Lleva a ebullición una olla grande con agua salada. Blanquea el *pak choy* o el *choi sum* 30 segundos, sácalo y resérvalo. Cuece los noodles en la misma agua según las instrucciones de la p. 42 o del paquete. Escúrrelos y enjuágalos en abundante agua fría para evitar que se peguen. Resérvalos.

Para montar los boles, condimenta cada uno con 1 cdta. de jalapeños picados (con líquido), ½ cdta. de setas en polvo, ½ cdta. de cebolla en polvo, 1 cdta. de aceite de sésamo, 1 cda. de salsa de soja clara, 1 cdta. de alga *kombu* en polvo, 1 cda. de *mirin* y 1 cdta. de azúcar moreno claro. Agrega 300 ml (10½ fl oz) del caldo enriquecido caliente. Deposita los noodles en el centro y remata el bol con las setas nori, los tomates asados, el *pak choi* blanqueado, cebolletas y garbanzos crujientes. Si te apetece, añade un chorrito de aceite de pimienta de Sichuan para dar un bonito color rojo al plato.

Biang biang con berenjena y doubanjiang

VG · **RACIONES** 2 · **PREPARACIÓN** 30 MIN · **COCCIÓN** 30 MIN

3 berenjenas chinas largas o 2 berenjenas medianas, cortadas en palitos de 1 cm (½ in)
2 cdas. de sal marina fina
2-4 cdas. de harina de maíz o de fécula de patata
150 ml (5 fl oz) de aceite de sabor neutro
3 cdas. de vinagre de arroz negro *Chinkiang*
1 cda. de salsa de soja clara
1 cda. de vino de arroz de *Shaoxing*
1 cdta. de salsa de soja oscura
½ cdta. de aceite de sésamo
1½ cdas. de *doubanjiang*
150 ml (5 fl oz) de caldo vegetal o agua (caliente)
2 cdtas. de azúcar moreno claro
1 chile rojo largo o 2 pequeños, en rodajas finas
3 dientes de ajo, rallados
1 trozo de jengibre de 4 cm (1½ in), pelado y rallado
½ cdta. de granos de pimienta de Sichuan, tamizados
360 g (12 ¾ oz) de masa para noodles *biang biang* (p. 44)
1 puñadito de cilantro, picado grueso

Aunque este plato típico de Sichuan es conocido como «berenjena con aroma a pescado» por su intenso sabor salado, no contiene pescado en absoluto. Es muy fragante y especiado, sí, pero gracias a aromáticos frescos como los granos de pimienta de Sichuan o el *doubanjiang* (pasta de legumbres picantes). Tradicionalmente se sirve con arroz, pero un feliz accidente en mi cocina demostró que también es delicioso acompañando a los escurridizos noodles *biang biang*.

Pon los bastoncitos de berenjena en un bol y cúbrelos con agua. Añade la sal marina y remueve para que se disuelva. Asegúrate de que los palitos de berenjena queden completamente sumergidos poniéndoles encima un plato hondo del revés y déjalos reposar 15 min. Escúrrelos y sécalos a toquecitos con un paño de cocina limpio. Rebózalos en la harina de maíz o en la fécula de patata hasta cubrirlos con una capa fina y uniforme.

Calienta el aceite de sabor neutro a fuego medio-alto en un wok o en una sartén de fondo grueso. El aceite ha de estar lo bastante caliente para que aparezcan burbujitas en la superficie cuando sumerjas la punta de un palillo chino de madera o de una cuchara de madera. Fríe los bastoncitos de berenjena por tandas (si metes demasiados a la vez, la temperatura del aceite bajará) 5-6 min o hasta que estén crujientes y dorados. Escúrrelos y sécalos sobre papel de cocina y deja que el aceite se enfríe en el wok.

Mezcla el vinagre de arroz negro, la salsa de soja clara, el vino de arroz, la salsa de soja oscura, el aceite de sésamo y el *doubanjiang* con el caldo o el agua calientes. Añade el azúcar y remueve para disolver. Reserva.

Una vez se haya enfriado el aceite del wok, sácalo casi todo y deja solo un poco. Caliéntalo a fuego medio-alto y, cuando esté caliente, sofríe el chile, el ajo y el jengibre 30 segundos o hasta que empiecen a despedir aromas. Agrega la pimienta de Sichuan y la salsa, remueve para que todo se mezcle bien y lleva a una ebullición suave. Baja el fuego. Añade los palitos de berenjena y mantén el hervor a fuego bajo 2-3 min más o hasta que la salsa se haya espesado. Comprueba la condimentación y, si es necesario, ajústala con salsa de soja clara o con azúcar.

Lleva a ebullición una olla con agua salada.

Estira y cuece los noodles *biang biang* según las instrucciones de la p. 47 y pásalos directamente de la olla al wok con la berenjena. Remueve bien. Sirve en los boles y esparce el cilantro por encima.

Udon con kimchi y beicon

RACIONES 2 · **PREPARACIÓN** 15 MIN · **COCCIÓN** 15 MIN

50 g (1¾ oz) de lonchas gruesas de beicon ahumado, cortado en tiras de 1 cm (½ in)
1 cda. de mantequilla con sal
250 g (9 oz) de kimchi (y su jugo)
1 cda. de *gochujang*
4 cdas. de caldo de pollo, de caldo de cebolla asada (p. 19) o de agua
60 g de guisantes congelados
2 cdtas. de pimienta negra recién molida
190 g (6¾ oz) de noodles udon frescos (p. 36) o congelados
2 huevos
1 cda. de aceite de sabor neutro (opcional)
1 lámina de alga nori tostada, en tiras finas
1 cda. de semillas de sésamo tostadas
2 cebolletas, en rodajas finas

Durante el embarazo, tuve un antojo casi constante de espagueti a la carbonara. Me apetecían a todas horas y, con frecuencia, me levantaba pasada la medianoche para prepararlos. Luego supe que el antojo de huevos era la manera que tenía el cuerpo de pedir cisteína, un aminoácido clave para los bebés en desarrollo.

Una de esas noches en busca de carbonara, me encontré con que no teníamos espagueti y, cuando vi unos cuantos udon en el fondo del frigorífico, también me llamó la atención un poco de kimchi.

Servir una yema de huevo cruda en el centro de los noodles da un toque final fantástico. La yema se hará con el calor residual de los noodles cuando los remuevas. Sin embargo, si lo prefieres, el plato también queda delicioso con un huevo frito.

Calienta una sartén grande a fuego medio-alto y añade los trozos de beicon. Cocínalo y observa cómo se funde la grasa antes de añadir la mantequilla, el kimchi, el *gochujang* y el caldo de pollo o de cebolla asada o el agua. Lleva a ebullición a fuego bajo antes de añadir los guisantes. Agrega la pimienta negra.

Lleva a ebullición una olla grande con agua salada.

Cuece los noodles según las instrucciones de la p. 39 o del fabricante, escúrrelos y enjuágalos con abundante agua fría para evitar que se peguen. Añádelos a la sartén con la salsa de kimchi y remueve bien para que se unten en ella. Retira la sartén del fuego.

Si vas a servir el plato con un huevo frito, fríelo ahora en el aceite de sabor neutro. Si no, separa las yemas de las claras de los huevos y resérvalas. Congela las claras y resérvalas para otra receta.

Sirve los noodles aderezados con el alga nori, las semillas de sésamo y las cebolletas, y con la yema de huevo en un nido en el centro (o el huevo frito encima de todo).

Gun gun mian al estilo de Xi'an

RACIONES 2 · **PREPARACIÓN** 20 MIN · **COCCIÓN** 20 MIN

1 puñadito de hongos negros chinos secos
1 patata pequeña, pelada y en dados
1 zanahoria mediana, pelada y en rodajas
100 ml (3½ oz) de caldo maestro, incluida la capa de grasa (p. 21) o 100 ml (3½ oz) de caldo de cebolla asada (p. 19)
1 cda. de *doubanjiang*
¼ de cdta. de polvo de cinco especias chinas
½ repollo chino pequeño, en trozos de 2,5 cm (1 in)
1 puñadito de brotes de soja
240 g (8½ oz) de noodles estirados a mano (p. 32)

Para condimentar los cuencos

½ cdta. de sal marina
½ cdta. de azúcar moreno
2 cdas. de vinagre de arroz negro *Chinkiang*
1 cda. de salsa de soja clara
¼ de cdta. de granos de pimienta de Sichuan molidos, tamizados
1 cda. de aceite de pimienta de Sichuan o de aceite picante con chili crujiente (o al gusto)
½ diente de ajo, rallado
1 puñadito de cilantro, picado grueso

NOTA

Los noodles de este plato se llaman *gun gun mian*, que literalmente significa «noodles de palo»: son noodles estirados a mano, gruesos y duros, pero distintos a los *la mian* de Lanzhou, porque no contienen ceniza alcalina (*penghui*). La flexibilidad de estos noodles depende de un prolongado proceso de autolisis.

Este cuenco se inspira en los célebres noodles Liuxiang, un plato que se sirve desde hace más de 40 años en el restaurante Liu Xiang Mian, en la zona del campanario de Xi'an. Cuando uno entra en el restaurante, oye el eco de fuertes golpes en la cocina, donde los expertos cocineros estiran y golpean con fuerza y a la velocidad del rayo los noodles contra el mostrador. El golpe detiene temporalmente la actividad del gluten de los fideos, cuya elasticidad aumenta. Este plato, que se sirve con una deliciosa salsa de carne que despide los aromas del polvo de cinco especias chinas, y rico en ternera y verduras, se monta en menos de 2 min. En las mesas del restaurante siempre hay aceite de pimienta, vinagre y dientes de ajo crudos. La idea es meterse un bocado de noodles en la boca y, a continuación, un ajo crudo.

Pon los hongos negros en remojo en agua hirviendo 15 min. Escúrrelos y pícalos bastamente.

Lleva a ebullición una olla con agua salada. Cuece la patata y la zanahoria en el agua hirviendo 7-8 min o hasta que estén al dente.

En otra olla, lleva a ebullición a fuego bajo el caldo maestro o de cebolla asada. Si usas caldo maestro congelado o recién sacado del frigorífico, acuérdate de incluir una capa de grasa de la superficie y una buena cantidad de carne. Añade el *doubanjiang* y el polvo de cinco especias chinas y remueve para que todo se mezcle bien. Agrega el repollo chino y los hongos negros y mantén hirviendo a fuego lento 5 min más o hasta que el repollo se haya pochado y el caldo se haya espesado un poco. Añade la patata y la zanahoria y mantén a fuego lento otros 2-3 min. Incorpora los brotes de soja y cuece 1 min más. Retira del fuego.

Lleva a ebullición otra olla grande con agua salada. Estira y cuece los noodles según las instrucciones de la p. 35, escúrrelos y enjuágalos en abundante agua fría. Resérvalos.

Para montar los cuencos, condimenta cada uno de ellos con ¼ de cdta. de sal, ¼ de cdta. de azúcar, 1 cda. de vinagre de arroz negro, ½ cda. de salsa de soja clara, ⅛ de cdta. de pimienta de Sichuan molida, ½ cda. de aceite de pimienta de Sichuan (o más, si quieres; merece la pena que pruebes el caldo antes de añadir el aceite de pimienta o con chile, para que puedas determinar cuán picante es), ¼ de diente de ajo rallado y un puñadito de cilantro picado bastamente. Reparte el caldo al estilo de Xi'an en los boles y añade los noodles. Remueve bien para mezclar los sabores.

Udon de miso a la cazuela

RACIONES 2 · **PREPARACIÓN** 10 MIN · **COCCIÓN** 30 MIN

- 190 g (6¾ oz) de noodles frescos (p. 36) o congelados
- 500 ml (17 fl oz) de caldo *dashi* (hecho con preparado en polvo)
- 2 cdas. de *hatcho miso* o de *miso* rojo (véase la nota en p. 16)
- 1 cda. de azúcar moreno claro
- 2 cdas. de *mirin*
- 120 g (4¼ oz) de muslos de pollo, en rodajas finas
- ½ cebolla pequeña, en rodajas gruesas
- 3 setas shiitake, rehidratadas si son secas, en láminas
- 4 dados de tofu frito esponjoso
- 4 láminas de *kamaboko* o buñuelos de pescado/palitos de cangrejo
- 1 huevo
- 100 g (3½ oz) de setas *enoki*
- 2 cebolletas, en rodajas gruesas
- 2 hojas de *shiso*, dobladas y en láminas finas
- ½ cdta. de *furikake* (véase la nota en la p. 14)

NOTA

Aquí uso mi cazuela china de 22 cm de diámetro, como en la receta de los Noodles de cristal de la p. 76. Los *donabe* ejercen la misma función, pero tienen un aspecto distinto.

Nagoya, una ciudad de la prefectura japonesa de Aichi, al oeste de Tokio, es célebre por su *hatcho miso*. Una de sus especialidades es el *udon miso nikomi*, un plato contundente y reconfortante de caldo de *miso* y servido en ollas de arcilla japonesas (*donabe*) con noodles udon y una amplia variedad de ingredientes.

Merece la pena invertir el tiempo en encontrar los ingredientes correctos para este plato. Los hallarás en supermercados orientales y en línea.

El *kamaboko* es un tipo de surimi (pasta de pescado) rosa, un ingrediente maravilloso de textura firme y sabor delicado que se usa con mucha frecuencia en Japón.

Los dados de tofu frito esponjoso suman otra capa de textura, mientras que las hojas de *shiso* (o perilla), una hierba aromática de la familia de la menta, añaden un sabor fresco y único.

Lleva a ebullición una olla grande con agua salada.

Cuece los noodles según las instrucciones de la p. 39 o del fabricante (algunas marcas indican que hay que meter el paquete sin abrir en el microondas), escúrrelos y enjuágalos con abundante agua fría. Resérvalos.

Añade el *dashi* a la cazuela de 22 cm y caliéntalo a fuego medio-alto. Agrega el *miso*, el azúcar y el *mirin* y remueve bien para que los ingredientes se mezclen. Añade el pollo y la cebolla y lleva la olla a ebullición. Cuece 5 min o hasta que el pollo adquiera un tono pálido. Agrega los noodles udon al caldo y dispón encima de estos las setas shiitake, los dados de tofu frito esponjosos y las láminas de *kamaboko*. Casca el huevo en el centro y prolonga la cocción 2-3 min con la tapa. El huevo ha de estar cocido por encima, pero la yema ha de quedar líquida. Si la clara no acaba de cuajar, vuelve a poner la tapa y prolonga la cocción 2 min más. Añade las setas *enoki* y la cebolleta, vuelve a tapar la cazuela y retírala del fogón. Para servir, agrega las hojas de *shiso* laminadas y espolvorea *furikake* por encima.

Ramen rápido con marisco picante

RACIONES 6 · **PREPARACIÓN** 10 MIN · **COCCIÓN** 20 MIN

2 l (70 fl oz) de caldo *chintan* de pollo (p. 20)
2 cdas. de *gochugaru*
2 cdas. de *gochujang*
2 cdas. de salsa de soja clara
2 cdas. de salsa de ostras
2 cdas. de salsa de pescado
3 cdtas. de azúcar moreno claro
2 mazorcas de maíz
2 cdas. de mantequilla
600 g (1 lb 5 oz) de noodles ramen frescos (p. 40) o 300 g (10½ oz) de noodles ramen secos
200 g (7 oz) de buñuelos chinos de gambas
6 langostinos grandes con la cabeza y sin pelar
300 g (10½ oz) de aros de calamar congelados o de calamares enteros congelados cortados en aros
4 cebolletas, en rodajas finas
2 láminas de alga nori tostadas, cortadas en cuartos

Recurro a los caldos de estilo coreano cuando quiero algo rápido y picante, y este plato se asemeja al *jjamppong*, una sopa chino-coreana de noodles con marisco. Siempre tengo en el congelador raciones individuales de caldo, noodles y marisco, por lo que preparar este plato es tan sencillo como rápido. ¡Perfecto para una cena entre semana! Normalmente lo hago con noodles ramen de bolsa o con noodles ramen hechos a mano y congelados. Si no tienes caldo casero congelado, usa un cubo de gelatina de caldo. Las escamas de chile rojo coreanas se llaman *gochugaru* y el *gochujang* es una pasta coreana de chile rojo fermentada. Encontrarás buñuelos chinos de gamba en la sección de refrigerados de los supermercados orientales.

Calienta el caldo de pollo en un cazo. Añade el *gochugaru*, el *gochujang*, las salsas de soja, de ostras y de pescado, y el azúcar. Remueve bien para mezclar los ingredientes y, si es necesario, corrige la condimentación. Lleva a ebullición a fuego bajo.

Pinta las dos mazorcas de maíz con sendas cucharadas de mantequilla y ponlas al grill a fuego alto. Dales la vuelta con frecuencia hasta que el maíz se haya hecho del todo y se empiece a abrir. Deja que se enfríen antes de ponerlas de lado y extraer los granos con un cuchillo pasándolo longitudinalmente sobre las mazorcas. Aunque alguno saltará individualmente, el objetivo es extraer los lados enteros. Reserva.

Lleva a ebullición una olla grande con agua salada.

Cuece los noodles según las instrucciones de la p. 43 o del fabricante. Sácalos con una cuchara para noodles, enjuágalos en abundante agua fría para evitar que se peguen y resérvalos. En la misma agua, cuece los buñuelos de gamba 4-5 min o hasta que estén hechos del todo. Escúrrelos y resérvalos.

Para limpiar los langostinos, corta la parte posterior de la cáscara con unas tijeras. Extrae el tracto intestinal negro con un palillo y deséchalo.

Cuando vayas a servir, deposita los langostinos y el calamar en el caldo caliente y cuécelos 1-2 min o hasta que los langostinos empiecen a adquirir un tono rosado. Retira el caldo del fuego.

Deposita una ración de noodles en cada bol y rellénalos con el caldo de marisco picante, el maíz, la cebolleta y el alga nori tostada.

Noodles biang biang con cordero y tomate

RACIONES 4 · **PREPARACIÓN** 15 MIN · **COCCIÓN** 4 HORAS

5 cdas. de aceite de sabor neutro
600 g-800 g (1 lb 5 oz-1 lb 2 oz) de paletilla de cordero o de cabrito
1 puerro, limpio y cortado en tres trozos
7 dientes de ajo, 5 enteros y 2 rallados
3 cdas. de semillas de comino
3 cdas. de semillas de hinojo
2 cdas. de semillas de cilantro
1 cda. de *doubanjiang*
100 ml (3½ fl oz) de vino de arroz de *Shaoxing*
4 l (140 fl oz) de agua
4 cdas. de salsa de soja clara
3 cdas. de azúcar moreno claro
3 hojas de laurel
2 estrellas de anís
6 tomates en rama maduros, cortados por la mitad
1 cda. de sal marina
720 g (1 lb 9 oz) de masa para noodles *biang biang* (p. 44)
1 puñadito de cilantro, picado bastamente
Aceite de pimienta de Sichuan, para servir

Los noodles *biang biang* se suelen servir con cordero o cabrito, que son ingredientes habituales en Xi'an, la capital de la provincia china de Shaanxi y el centro oriental de la Ruta de la Seda, además de un legado de la influencia que la ruta comercial ejerció sobre las gastronomías locales.

El plato se inspira en un caldo de cabrito de Xi'an y está aromatizado con comino e hinojo, dos especias que recorrieron la Ruta de la Seda. Aunque los tomates también son un ingrediente habitual, normalmente se añaden al caldo o se sofríen con los huevos. Yo los aso, porque me encanta el dulzor que aportan.

Calienta 4 cdas. de aceite en una olla grande y dora la carne por todas las caras. Añade el puerro, los dientes de ajo enteros y las semillas de comino, de hinojo y de cilantro, y sofríelo todo a fuego bajo 1 min. Agrega el *doubanjiang* y sofríe 30 segundos. Añade el vino de arroz de *Shaoxing* y deja que el alcohol burbujee y se evapore aproximadamente 1 min. Incorpora el agua, la salsa de soja clara, el azúcar, las hojas de laurel y el anís estrellado. Lleva a una ebullición constante y mantén la cocción así, sin tapar la olla, 3-4 horas o hasta que la carne esté tan tierna que casi se funda.

Mientras, precalienta el horno a 110-90 °C con ventilador (225 °F/Gas ¼).

Deposita el tomate, el ajo rallado, el aceite restante y sal en un cuenco grande y remueve. Dispón los tomates aliñados sobre una bandeja de horno, con la cara cortada hacia arriba. Hornea 2-3 horas o hasta que el tomate adquiera una consistencia melosa y arrugada.

Cuando el caldo esté terminado, saca el cordero y resérvalo. Cuela el caldo con un colador de malla fina forrado con una tela de muselina, vuelve a meterlo en la olla y caliéntalo a fuego bajo. Desmenuza el cordero con la ayuda de dos tenedores.

Lleva a ebullición una olla con agua salada.

Estira y cuece los noodles *biang biang* según las instrucciones de la p. 47. Escúrrelos y sírvelos en boles, con cordero desmenuzado y tomate por encima y 200 ml (7 fl oz) de caldo colado caliente. Remata con cilantro y con aceite de pimienta de Sichuan al gusto.

Noodles gun gun con aceite caliente

VG · **RACIONES** 4 · **PREPARACIÓN** 10 MIN · **COCCIÓN** 10 MIN

480 g (1 lb 1 oz) de noodles estirados a mano (p. 32) o 240 g (8½ oz) de noodles ramen secos
2 cebolletas, con las hojas picadas finas
4 dientes de ajo, rallados
4 cdtas. de escamas de chile de Sichuan (rojo) o de *gochugaru*
4 cdtas. de semillas de sésamo tostadas
6 cdas. de aceite de sabor neutro
3 cdas. de salsa de soja clara
2 cdas. de vinagre de arroz negro *Chinkiang*
1 cda. de azúcar moreno claro

Cuando se vierte aceite caliente sobre el chile en escamas y el ajo, empiezan a crepitar, se sofríen y se convierten en un aliño aromático e instantáneo para los noodles.

Lleva a ebullición una olla grande con agua salada.

Estira y cuece los noodles según las instrucciones de la p. 35 o del fabricante, escúrrelos y enjuágalos con abundante agua fría.

Para montar el plato, reparte los noodles en los boles y en el centro, sobre ellos, deposita 1 cda. de cebolleta picada, 1 cdta. de ajo rallado, 1 cdta. de escamas de chile de Sichuan o de *gochugaru* y 1 cdta. de semillas de sésamo tostadas. Calienta el aceite de sabor neutro a fuego alto en una sartén pequeña hasta que empiece a humear. Viértelo con mucho cuidado sobre los aromáticos (¡recuerda que crepitarán y saltarán!). Remueve para que los ingredientes se mezclen bien. Añade la salsa de soja clara, el vinagre de arroz negro *Chinkiang* y el azúcar moreno claro. Remueve bien para que los ingredientes se mezclen.

Hot pot (caldero chino)

RACIONES 4–6 · PREPARACIÓN 15 MIN · COCCIÓN 15 MIN

PARA EL CALDO

Sopa *málà*

2 cdas. de aceite de sabor neutro
4-5 cdas. de pasta *málà* (p. 18)
3 l (105 fl oz) de caldo *chintan* de pollo
   (p. 20) o de caldo de cebolla asada
   (p. 19)
2 estrellas de anís
4 chiles rojos secos
1 cda. de granos de pimienta de Sichuan
2 hojas de laurel
1 trozo de jengibre de 5 cm (2 in),
   en rodajas
6 dientes de ajo

Sopa suave

1 cda. de bayas de goji
2 setas shiitake secas
5 cebolletas, cortadas por la mitad
1 trozo de jengibre de 5 cm (2 in),
   en rodajas
3 l (105 fl oz) de caldo *chintan* de pollo
   (p. 20) o de caldo de cebolla asada
   (p. 19)

→

Al parecer, China es la cuna del *hot pot* oriental, cuya historia es ya milenaria. Ahora, los *hot pot* son muy habituales en muchos países del este y del sudeste de Asia, donde se preparan de distintas formas. En Japón, tienen el *shabu*; en Vietnam, lo llaman «barco de vapor»; el caldero coreano se llama *jeongol* y, en China, hay más de 30 variedades regionales, como el caldero de Sichuan, el *hot pot* de marisco de Cantón o el caldero de cordero de Pekín.

El caldero, que consiste en uno o dos caldos condimentados, se deja en el centro de la mesa. Los acompañamientos (proteína, verduras, noodles, dumplings, salsas para mojar...) se disponen en la mesa alrededor del caldero y los comensales sumergen los ingredientes elegidos en el caldero, para que se cocinen. La carne y el marisco son los primeros ingredientes que se sumergen en el caldo, porque lo aromatizan mientras se cuecen. Luego se añaden los noodles, que absorben los deliciosos aromas que extienden a toda la comida.

Para replicarlo en casa, necesitarás una fuente de calor móvil, como un fogón de acampada, y o bien una olla o marmita de hierro forjado o bien un caldero eléctrico de sobremesa. Para terminar, usa los ingredientes que prefieras de la lista que encontrarás a continuación y elabora un caldero verdaderamente personal.

Puedes usar todos los acompañamientos y las salsas, o puedes escoger los que más te apetezcan.

→

PARA LOS ACOMPAÑAMIENTOS

400 g (14 oz) de noodles ramen frescos (p. 40) o 200 g (7 oz) de noodles ramen secos
400 g (14 oz) de tiras finas de ternera (las encontrarás en la sección de congelados de supermercados orientales)
200 g (7 oz) de bolas de pescado, de gamba o de ternera
200 g (7 oz) de langostinos crudos, pelados y desvenados
200 g (7 oz) de aros de calamar
200 g (7 oz) de dados de tofu frito esponjoso
200 g (7 oz) de setas *enoki* y *shimeji*
250 g (9 oz) de pak choi (bok choy), sin las hojas
1 repollo chino pequeño, en trozos de 2,5 cm (1 in)
6-12 dumplings o won ton

PARA LAS SALSAS

Fantástica con carne
1 cda. de salsa de soja clara
1 cdta. de aceite de sésamo
1 yema de huevo

Una opción muy versátil
1 cda. de salsa *shacha* (p. 133)
2 cdtas. de pasta de sésamo china
1 cda. de salsa de soja clara
1 cda. de aceite picante de chili crujiente o similar
1 cda. de cilantro picado

Fresca y picante
½ puñadito de cilantro, picado bastamente
4 cdas. de salsa de pescado
1 chile rojo ojo de pájaro, picado fino
el zumo de 1 lima

Sencilla y clásica
1 cda. de vinagre de arroz negro Chinkiang
½ cdta. de aceite de sésamo
1 cda. de salsa de soja clara
1 cdta. de jengibre, rallado

Dulce y picante
2 cdas. de zumo de lima
2 cdas. de azúcar de palma
2 cdas. de salsa de soja clara
2 dientes de ajo, rallados
1 chile rojo, picado fino

Para preparar el caldo *màlà*, calienta el aceite a fuego medio en el recipiente que quieras y fríe la pasta *màlà* hasta que empiece a despedir aromas. Añade el caldo de pollo o de cebolla y remueve para integrar bien la pasta. Agrega el resto de los ingredientes secos de la sopa *màlà* y lleva a ebullición a fuego bajo. Reduce el fuego y mantén una ebullición suave hasta que vayas a servir el plato.

Para preparar el caldo suave, añade las bayas de goji, las setas shiitake, la cebolleta y el jengibre al caldo de pollo o de cebolla en el *hot pot* y lleva a ebullición a fuego bajo. Reduce el fuego y mantén una ebullición suave hasta que vayas a servir el plato.

Para preparar las salsas, mezcla los ingredientes de la lista en cuencos para salsa pequeños. Para la «Fantástica con carne», vuelca la yema en el cuenco y déjala entera (no la batas).

Para servir, coloca el *hot pot* sobre la fuente de calor, en el centro de la mesa. Dispón los acompañamientos que hayas elegido en platos alrededor del *hot pot*, junto a las salsas que hayas preparado. Cada comensal necesitará un bol y palillos chinos o cubiertos para servirse.

Obleas para won ton

V · SALEN 45–50 OBLEAS

PREPARACIÓN 50 MIN + REPOSO

CONSERVACIÓN HASTA 5 DÍAS EN EL FRIGORÍFICO

320 g (11¼ oz) de harina rica en proteína (11 %)
1 cdta. de sal marina fina
120 g (4¼ oz) de agua
3 yemas de huevo
Fécula de patata o harina de maíz, para espolvorear

Soy una gran aficionada a las obleas para won ton preparadas, porque son muy finas y conseguir esa finura en casa es muy difícil. Sin embargo, hay ocasiones en que la textura y el sabor de una oblea casera son justo lo que necesitamos. Las obleas para won ton se diferencian de las obleas para dumplings por su grosor y porque llevan huevo, que les da un bonito color amarillo.

Pon la harina y la sal en un cuenco grande y remueve con unos palillos o un tenedor para deshacer los posibles grumos. Bate el agua y las yemas de huevo juntas, viértelas sobre los ingredientes secos y combina con rapidez hasta que se forme una masa suelta. Sigue mezclando hasta que se forme una bola de masa. Trabájala 1-2 min en el cuenco y luego pásala a la superficie de trabajo. Sigue trabajando la masa (a mano o en un robot de cocina) 10 min o hasta que sea homogénea y elástica.

Forma una bola con la masa y métela en una bolsa para congelar o en un cuenco cubierto con un paño de cocina limpio y humedecido. Déjala reposar a temperatura ambiente mientras preparas el relleno elegido. Si preparas la masa con más de 1 hora de antelación, puedes dejar que repose en el frigorífico.

Una vez haya reposado, trabaja la masa 3-5 min. Ahora deberías notarla dúctil y elástica. Con un rodillo, aplasta la masa con fuerza hasta que tenga un grosor de 5 mm (¼ in) y un ancho de 15 cm (6 in).

Prepara la máquina de hacer pasta y fíjala bien a la superficie de trabajo.

Mete la masa por el rodillo en su modo más ancho. La masa que sale te parecerá desigual y basta, ¡no pasa nada! Tampoco te preocupes si la lámina se quiebra o se agujerea. Pásala de nuevo en modo ancho y repite este paso hasta que obtengas una lámina entera y sin agujeros. Entonces, programa la máquina en el siguiente modo más estrecho y vuelve a pasar la lámina de masa. Vuelve a reducir al siguiente nivel más estrecho y pasa la lámina de nuevo. Ahora, dobla la masa por la mitad, a lo largo, y pásala por la máquina en el modo más ancho. Repite el proceso de doblar y pasar hasta que obtengas una lámina de masa lisa y de textura homogénea. Es posible que los extremos de la lámina queden secos y quebrados (como consecuencia del doblado), pero es normal. Con cuidado, dobla la lámina por la mitad y deja reposar 30 min, cubierta por un paño de cocina limpio o papel film.

Una vez reposada, desdobla la lámina y pásala otra vez por la máquina de pasta en el modo más estrecho. Espolvorea toda la superficie con fécula de patata o con harina de maíz y usa las manos para cubrir también la lámina de masa. Disponla sobe la superficie de trabajo (quizás la tengas que cortar por la mitad para que quepa. Con un cuchillo afilado, corta la lámina de masa horizontalmente por el centro. Con una regla, corta longitudinalmente cuadrados de unos 7,5 × 7,5 cm (3 × 3 in). Espolvorea las obleas con un poco más de fécula de patata o de harina de maíz antes de apilarlas, para evitar que se peguen. Envuélvelas en papel film o guárdalas en un recipiente hermético para que no se sequen.

Obleas para dumplings

VG · SALEN 25–30 OBLEAS

PREPARACIÓN 1 HORA + REPOSO

CONSERVACIÓN HASTA 24 HORAS EN EL FRIGORÍFICO

340 g (12 oz) de harina, y un poco más para espolvorear
1 pizca de sal marina fina
170 g (6 oz) de agua

Siempre prefiero usar mis propias obleas cuando preparo las recetas con dumplings de este libro, porque me encanta su textura y me resultan mucho más fáciles de cerrar que las ya preparadas. Sin embargo, de vez en cuando siempre va bien tenerlas ya hechas, así que las obleas envasadas congeladas también son absolutamente aceptables.

Pon la harina y la sal en un cuenco grande y remueve con unos palillos o con un tenedor para deshacer los posibles grumos. Añade el agua y combina con rapidez hasta que se forme una masa suelta. Sigue mezclando hasta que se forme una bola de masa. Trabájala 1-2 min en el cuenco y luego pásala a la superficie de trabajo. Sigue trabajando la masa (a mano o en un robot de cocina) 10 min o hasta que sea homogénea y elástica.

Forma una bola con la masa y métela en una bolsa para congelar o en un cuenco cubierto con un paño de cocina limpio y humedecido. Déjala reposar a temperatura ambiente mientras preparas el relleno elegido. Si preparas la masa con más de 1 hora de antelación, puedes dejar que repose en el frigorífico.

Una vez haya reposado, trabaja la masa 3-5 min. Ahora deberías notarla muy dúctil y elástica. Córtala en tres trozos que trabajarás de uno en uno, así que vuelve a dejar los otros dos en la bolsa para congelar o en el cuenco cubierto para que no se sequen.

Estira el primer tercio de masa y dale forma de salchicha de unos 25 cm de longitud. Quizás necesites espolvorear la superficie de trabajo con un poco de harina. Corta la masa en trozos iguales de 2,5 cm (1 in) y forma una bola con cada uno. Si no las vas a usar inmediatamente, guárdalos en un recipiente en el frigorífico.

Para hacer una oblea, coge una de las bolitas de masa y, con tres dedos, aplástala para formar un disco pequeño, parecido a una galleta. Estira la masa hasta hacerla tan fina como te sea posible y forma un disco de unos 10 cm (4 in) de diámetro. Asegúrate de que espolvoreas ligeramente con harina todas las obleas, porque tienden a pegarse entre ellas. Repite el proceso con el resto de la masa, tercio a tercio para que no se seque, y prepara la receta de tu elección.

Dumplings de ternera en caldo agripicante

SALEN 24-30 DUMPLINGS (4 RACIONES) · **PREPARACIÓN** 40 MIN · **COCCIÓN** 20 MIN

Para los dumplings
500 g (1 lb 2 oz) de carne de ternera picada (< 20 % grasa)
3 cdas. de vino de arroz de *Shaoxing*
1 cda. de salsa de soja clara
1 cdta. de aceite de sésamo
1 cdta. de sal marina fina
1 cdta. de azúcar moreno claro
3 cdas. de agua
1 cda. de grasa de ternera o de pato, fundida
½ repollo chino, en tiras finas
2 cebolletas, en tiras finas
1 trozo de jengibre de 5 cm (2 in), rallado (reserva el zumo)
4 ajos chinos, laminados finos
24-30 obleas para dumplings (p. 112) o 450 g (1 lb) de obleas para dumplings congeladas

Para el caldo de vinagre
200 ml (7 fl oz) de vinagre de arroz negro *Chinkiang*
150 ml (5 fl oz) de agua
1 cda. de azúcar moreno claro
1 rama de canela
2 hojas de laurel
2 estrellas de anís
1 cdta. de semillas de hinojo
1 cdta. de granos de pimienta de Sichuan
1 cda. de semillas de cilantro

Para condimentar los boles
4 cdas. de salsa de soja clara
2 cdtas. de azúcar moreno claro
4 cdtas. de aceite de sésamo
8 cdas. de aceite de pimienta de Sichuan o de aceite picante con chili crujiente
1 puñadito de cilantro, picado bastamente
4 cdas. de semillas de sésamo tostadas
4 cdas. de agua caliente

Disfruté de uno de los platos más memorables que haya probado jamás en el barrio musulmán de la ciudad de Xi'an, en el noroeste de China. Es célebre por la singular gastronomía de la comunidad hui local, que se caracteriza por el uso de cordero, ternera, comino y trigo. El *suantang jiaozi* es un plato de jugosos dumplings de ternera y de ajo chino que nadan en un caldo de vinagre especiado con aceite de pimienta y cilantro. Es la perfección surgida de la experiencia: los expertos chefs de Ma'er Youzhi Suantang Dumplings cierran más de 100 dumplings cada hora y hace más de treinta años que sirven este plato. Cocinan los dumplings al por mayor en una tina enorme. Da igual a la hora que llegues al restaurante: siempre hay cola.

Cuando volví a casa, eché mucho de menos este plato de sabor inimitable, por lo que esta receta es el resultado de muchos experimentos y de un gran anhelo. Funciona mejor con obleas caseras, porque son más gruesas y deliciosamente elásticas, e impiden que el dumpling se reblandezca en el caldo.

Mezcla la ternera, el vino de arroz de *Shaoxing*, la salsa de soja clara, el aceite de sésamo, la sal, el azúcar moreno claro, el agua y la grasa en un cuenco grande. Remueve con una cuchara de madera en el sentido de las agujas del reloj hasta que obtengas una pasta espesa y pegajosa. Para obtener esta textura, tendrás que hacer girar la ternera con fuerza en el cuenco y, si es necesario, añade un poco más de agua. Agrega el repollo chino, la cebolleta, el jengibre (con el jugo) y el ajo chino y remueve hasta que quede todo bien combinado. Guarda el relleno en el frigorífico mientras preparas el caldo.

Añade el vinagre a un cazo pequeño junto al agua, el azúcar moreno claro y las especias. Calienta a fuego bajo hasta que el líquido se haya calentado del todo y el azúcar se haya disuelto. Retira el cazo del fuego y deja que el caldo repose y se infusione mientras preparas los dumplings.

Deposita una oblea para dumplings en la palma de la mano y dispón 1 cdta. colmada de relleno en el centro. Une los bordes y presiona con cuidado la masa para sellar el dumpling. Si lo deseas, puedes hacerle unos pliegues (véanse las imágenes), pero no es necesario. Repite el proceso con el resto de las obleas y dispón los dumplings rellenos en una bandeja forrada con papel vegetal, con al menos 1 cm (½ in) de separación entre ellos.

Pasa los dumplings a una vaporera forrada con papel vegetal (o con un par de hojas de col) y con al menos 1 cm (½ in) de separación entre ellos. Coloca la vaporera sobre una olla con agua hirviendo y cuece los dumplings al vapor 8-10 min. Quizás los tengas que cocinar por tandas.

Para montar los boles, condimenta cada uno con 1 cda. de salsa de soja clara, ½ cdta. de azúcar moreno claro, 1 cdta. de aceite de sésamo, 2 cdas. de aceite de pimienta de Sichuan o de aceite picante, cilantro picado y 1 cda. de semillas de sésamo. Agrega el caldo de vinagre y 1 cda. de agua caliente. Remueve para combinarlo todo y añade los dumplings al vapor.

Won ton de langostinos con albahaca tailandesa

SALEN 24-30 DUMPLINGS (4 RACIONES) · **PREPARACIÓN** 30 MIN · **COCCIÓN** 15 MIN

2 cdas. de gamba seca
400 g (14 oz) de langostinos, pelados y desvenados
1 trozo de jengibre de 2,5 cm (1 in), rallado
3 cebolletas, en rodajas finas
1 cdta. de sal marina (de cualquier tipo)
2 cdtas. de azúcar moreno claro
3 cdas. de arroz de vino de *Shaoxing*
1 cdta. de aceite de sésamo
¼ de cdta. de pimienta blanca molida
1 cda. de salsa de soja clara tailandesa
1 cda. de salsa de pescado
1 puñadito de tallos de cilantro, picados finos
24-30 obleas para won ton (p. 108) o 200 g (7 oz) de obleas para won ton congeladas
320 ml (11 fl oz) de caldo *chintan* de pollo
1 puñadito de hojas de cilantro, picadas bastamente

Para condimentar los boles
8 cdtas. de *nam prik pao*
4 cdas. de salsa de pescado
1 cdta. de pimienta blanca molida
2 cdtas. de azúcar moreno claro

Para servir
1 puñadito de hojas de albahaca tailandesa
1 cda. de arroz frito crujiente
1 cdta. de chile asado en polvo (p. 18)

El won ton, originario de China, se acostumbra a servir en Tailandia en un caldo claro y, aquí, he añadido *nam prik pao*, más habitual en la sopa *tom yum*. Aunque la primera vez fue resultado de un asalto al frigorífico y al congelador, al final se ha hecho con un espacio propio en mis cenas.

Tuesta la gamba seca en seco en una sartén 3-4 min o hasta que empiece a despedir aromas. Muélela con una batidora de mano, un molinillo de especias o un mortero, hasta que obtengas un polvito fino.

Dispón los langostinos sobre una tabla para cortar y pícalos con el cuchillo más afilado de la cocina. Haz un montoncito con los trocitos y vuélvelos a picar. Al cabo de 2 min deberías haber obtenido una pasta desigual. Pásala a un cuenco grande y añade la gamba seca, el jengibre rallado, la cebolleta, la sal, el azúcar, el vino de arroz de *Shaoxing*, el aceite de sésamo, la pimienta blanca, la salsa de soja tailandesa, la salsa de pescado y los tallos de cilantro. Remueve bien para obtener una mezcla cohesionada y métela en el frigorífico unos 10 min para que adquiera consistencia.

Prepara las obleas para won ton y una tacita con agua. Empieza disponiendo una cucharadita de relleno en el centro de una oblea. Moja el dedo en el agua y pásalo por el borde de la oblea. Pliega el won ton (véanse las fotos de la p. 110), repite el proceso y coloca los won ton rellenos en una bandeja forrada con papel vegetal.

Calienta poco a poco el caldo *chintan* de pollo y lleva a ebullición otra olla grande con agua salada.

Condimenta cada uno de los boles con 2 cdtas. de *nam prik pao*, 1 cda. de salsa de pescado, ¼ de cdta. de pimienta blanca molida, ½ cdta. de azúcar moreno claro y 80 ml (2½ fl oz) de caldo de pollo caliente. Remueve para que los ingredientes se combinen y el azúcar se disuelva.

Añade los won ton a la olla de agua hirviendo y hazlos girar. Cuécelos 4-5 min o hasta que asciendan a la superficie. Sácalos con una espumadera, pásalos a los respectivos boles y remueve para untarlos con los condimentos. Tendrás que hacerlo por tandas.

Remata cada bol con hojas de albahaca tailandesa, ajo crujiente y chile asado en polvo.

Dumplings dan dan de ternera y jalapeño

SALEN 24-30 DUMPLINGS (4 RACIONES) · **PREPARACIÓN** 40 MIN · **COCCIÓN** 25 MIN

400 g (14 oz) de carne de ternera picada (> 20 % grasa)
2 dientes de ajo, rallados
3 cebolletas, en rodajas finas
2 cdas. de jalapeños encurtidos picados
1 cda. de jugo de jalapeño encurtido
2 cdas. de salsa de soja clara
1 cdta. de sal marina (de cualquier tipo)
2 cdtas. de azúcar moreno claro
2 cdas. de vino de arroz de *Shaoxing*
1 cdta. de aceite de sésamo
2 cdtas. de grasa de pato o de ternera, fundida
3 cdas. de *sui mi ya cai*
24-30 obleas para dumplings (p. 112) o 450 g (1 lb) de obleas para dumplings congeladas
1 cda. de aceite de sabor neutro

Para condimentar los cuencos

8 cdas. de pasta de sésamo china
2 cdas. de agua hirviendo
4-8 cdas. de aceite picante con chili crujiente o similar
4 cdas. de jugo de jalapeño encurtido
2 cdtas. de azúcar moreno claro

Para servir

2 cdtas. de semillas de sésamo tostadas
1 puñadito de cebollino, picado fino
1 cdta. de granos de pimienta de Sichuan, molidos y tamizados

Siempre tengo un tarro con salsa para noodles *dan dan* porque me ayuda a salir del paso cuando quiero preparar una cena rápida y, cuando la probé con los dumplings de ternera, fue un éxito instantáneo. La combinación de las especias con el sabor a frutos secos de la salsa y del *ya cai*, profundo y umami, es una combinación celestial.

En un cuenco grande, combina la ternera, el ajo, la cebolleta, los jalapeños encurtidos y su líquido, la salsa de soja, la sal, el azúcar, el vino de arroz, el aceite de sésamo y la grasa. Remueve con una cuchara de madera en el sentido de las agujas del reloj hasta que obtengas una pasta espesa y pegajosa. Para obtener esta textura, tendrás que hacer girar la ternera con fuerza en el cuenco y, si es necesario, añade un poco más de agua. Agrega el *sui mi ya cai* y remueve para integrarlo. Mete la mezcla en el frigorífico mientras preparas las obleas para dumplings (p. 112).

Deposita una oblea para dumplings en la palma de la mano y dispón 1 cdta. colmada de relleno en el centro. Une los bordes y presiona con cuidado la masa para sellar el dumpling. Si lo deseas, puedes hacerle unos pliegues (véanse las imágenes de la p. 114), pero no es necesario. Repite el proceso con el resto de las obleas y dispón los dumplings rellenos en una bandeja forrada con papel vegetal, con al menos 1 cm (½ in) de separación entre ellos.

Añade el agua hirviendo a la pasta de sésamo china y remueve bien para que esta se disuelva. Dispón en cada bol 2 cdas. de la mezcla de pasta de sésamo china (aún debería estar caliente, por el agua hirviendo), 1-2 cdas. de aceite picante (al gusto), 1 cda. de jugo de jalapeño encurtido y ½ cdta. de azúcar. Remueve bien para combinar todos los ingredientes y disolver el azúcar.

Calienta el aceite a fuego medio en una sartén antiadherente y hierve agua en el hervidor. Dispón algunos dumplings en la sartén. Deja una separación mínima de 1 cm (½ in) entre ellos y cocínalos por tandas. Al cabo de 3-4 min, la base de los dumplings se habrá tostado y vuelto crujiente. Añade a la sartén suficiente agua caliente para llenarla hasta 1 cm de altura. Provocarás un chorro de vapor, así que asegúrate de apartar el rostro. Tapa la sartén y cuece los dumplings al vapor 6-8 min o hasta que el agua se haya evaporado. Destapa la sartén y deja que los dumplings se sigan friendo sobre el fondo 1-2 min más. Retira la sartén del fuego y espera a que se enfríe un poco, para que los dumplings se despeguen y te resulte más fácil sacarlos.

Sirve los dumplings en la salsa, con la parte crujiente hacia arriba. Remátalos con las semillas de sésamo, el cebollino y pimienta de Sichuan molida.

Dumplings de cordero e hinojo con salsa verde

SALEN 24-30 DUMPLINGS (4 RACIONES) · **PREPARACIÓN** 30 MIN · **COCCIÓN** 30 MIN

Para las perlas de vinagre
250 ml (9 fl oz) de aceite de sabor neutro
100 ml (3½ fl oz) de vinagre de arroz negro *Chinkiang*
1 cdta. de azúcar moreno claro
½ cdta. de granos de pimienta de Sichuan, molidos y tamizados
½ cdta. de agar-agar

Para la salsa verde
80 ml (2½ fl oz) de aceite de sabor neutro
2 dientes de ajo, rallados
4 cebolletas, en rodajas finas
1 chile verde, picado grueso
2 puñaditos de espinacas baby
1 puñadito de hojas y tallos de cilantro, picados bastamente
1 cda. de jugo de jalapeño encurtido
1 cdta. de sal marina (de cualquier tipo)
2 cdas. de salsa de soja clara

Para los dumplings
2 cdas. de semillas de cilantro
2 cdas. de semillas de hinojo
400 g (14 oz) de carne de cordero picada (> 20 % grasa)
2 cdas. de vino de arroz de *Shaoxing*
2 cdas. de salsa de soja clara
2 cdtas. de aceite de sésamo
1 cda. de azúcar moreno claro
¼ de cdta. de pimienta negra recién molida
3 ajos chinos, en rodajas finas
6 repollos chinos, en tiras finas
24-30 obleas para dumplings (p. 112) o 450 g (1 lb) de obleas para dumplings congeladas

La condimentación de estos dumplings se inspira en la gastronomía uigur, una minoría musulmana turcoparlante cuya población se concentra en la región de Xinjiang, en el noroeste de China. La combinación de cordero y de semillas de comino y de hinojo es habitual, al igual que el uso de trigo, gracias en gran medida a la proximidad de la región con la histórica Ruta de la Seda, la ruta comercial por la que esos ingredientes entraron en China por primera vez.

Vierte el aceite de sabor neutro para las perlas de vinagre en un vaso y métela en el congelador 30 min o hasta que esté completamente frío.

Mientras, vierte el vinagre *Chinkiang* en un cazo pequeño y añade el azúcar y la pimienta de Sichuan. Calienta a fuego bajo hasta que el azúcar se haya disuelto. Agrega el agar-agar y lleva a ebullición. Entonces, retira del fuego y remueve bien para garantizar que el agar-agar se distribuya de forma homogénea.

Saca el aceite del congelador. Sumerge un tenedor en la mezcla de vinagre y, con sumo cuidado, inclínalo sobre el aceite frío, para crear gotitas. Las gotitas deberían caer en el aceite y formar esferas pequeñas. También lo puedes hacer con un cuentagotas, si tienes. Saca las perlas del aceite y guárdalas en un recipiente en el frigorífico.

Para la salsa, calienta el aceite a fuego bajo en una sartén honda. Añade el ajo, la cebolleta y el chile verde y sofríe hasta que se pochen y empiecen a despedir aromas. Retira la sartén del fuego y agrega las espinacas. Remuévelas para que se pochen. Vierte la mezcla y el resto de ingredientes para la salsa verde en un robot de cocina y tritura hasta que obtengas una salsa lisa y homogénea. Guárdala en el frigorífico hasta que la necesites.

Tuesta las semillas de cilantro y de hinojo en seco en una sartén hasta que empiecen a despedir aromas. Muélelas en un mortero o en un molinillo de especias hasta que obtengas un polvillo fino. Vuélcalo en un cuenco grande y añade el cordero, el vino de arroz, la salsa de soja clara, el aceite de sésamo, el azúcar y la pimienta negra. Remueve con una cuchara de madera en el sentido de las agujas del reloj hasta que obtengas una pasta espesa y pegajosa. Para obtener esta textura, tendrás que hacer girar el cordero con fuerza en el cuenco y, si es necesario, añade un poco más de agua. Agrega el ajo y el repollo chinos y remueve para combinarlos con el resto de los ingredientes. Mete el relleno en el frigorífico mientras preparas las obleas para dumplings.

Para servir
4 cdtas. de aceite de pimienta de Sichuan
2 cdtas. de chile asado en polvo (p. 18)
1 puñadito de hojas de eneldo

Deposita una oblea en la palma de la mano y dispón 1 cdta. de relleno en el centro. Une los bordes y presiona con cuidado la masa para sellar el dumpling. Si lo deseas, puedes hacerle unos pliegues. Repite el proceso con el resto de las obleas y dispón los dumplings en una bandeja forrada con papel vegetal, con al menos 1 cm (½ in) de separación entre ellos.

Pasa los dumplings a una vaporera forrada con papel vegetal (o con un par de hojas de col) y con al menos 1 cm (½ in) de separación entre ellos. Coloca la vaporera sobre una olla con agua hirviendo y cuece los dumplings al vapor 8-10 min. Quizás los tengas que cocinar por tandas.

En cada bol, dispón 4-5 cdas. de la salsa verde y 6 dumplings. Añade a cada bol 1 cdta. de perlas de vinagre y riégalo con aceite de pimienta de Sichuan. Espolvorea con el chile asado en polvo y las hojas de eneldo.

Dumplings de langostino y cerdo con puntilla

SALEN 24-30 DUMPLINGS (4 RACIONES) · **PREPARACIÓN** 40 MIN · **COCCIÓN** 45 MIN

Para el aceite de cabezas de langostino
500 g (1 lb 2 oz) de langostinos con la cabeza y sin pelar
150 ml (5 fl oz) de aceite de sabor neutro
3 dientes de ajo
2 tallos de hierba de limón, majados
1 trozo de jengibre de 2,5 cm (1 in), en rodajas finas
2 chiles rojos, picados bastamente
1 cda. de salsa de soja clara
1 cda. de *gochugaru* o de chile de Sichuan (rojo) en escamas
1 pizca de MSG

Para los dumplings
200 g (7 oz) de carne de cerdo picada (> 20 % grasa)
1 trozo de jengibre fresco de 2,5 cm (1 in), rallado
1 cdta. de azúcar (de cualquier tipo)
1 cda. de salsa de soja clara
1 cdta. de aceite de sésamo
1 cda. de vino de arroz de *Shaoxing*
2 cdtas. de salsa de pescado
1 cda. de agua
½ cdta. de sal marina (de cualquier tipo)
1 cda. de gamba seca, picada fina hasta obtener un polvo desigual
2 cebolletas, en rodajas finas
24-30 obleas para dumplings (p. 112) o 450 g (1 lb) de obleas para dumplings congeladas

Para la puntilla
3 cdas. de aceite de sabor neutro
2 cdas. de harina

Para condimentar los boles
4 cdtas. de zumo de lima
1 puñadito de cilantro, picado bastamente

Aquí, uso las cabezas y las cáscaras de los langostinos para preparar un aceite intenso y de un naranja encendido con el que acompañar unos dumplings clásicos de cerdo y langostinos. La puntilla crujiente es una red deliciosa con la que atrapar el aromático aceite.

Retira las cabezas de los langostinos retorciéndolas y estirándolas para separarlas del cuerpo. Resérvalas. Para pelar los langostinos, corta con la ayuda de unas tijeras de cocina el dorso de la cáscara y descubre el tracto intestinal negro. Retíralo con un palillo y deséchalo. Retira las cáscaras y añádelas a la pila de cabezas. Corta la carne de los langostinos en trozos de 1 cm (½ in) y métela en el frigorífico.

Calienta el aceite de sabor neutro a fuego medio-alto en un cazo pequeño. Cuando esté caliente, añade las cabezas y las cáscaras de los langostinos, el ajo, la hierba de limón y el jengibre. Aplasta las cáscaras y las cabezas con un mortero o con el dorso de un tenedor, para extraer todos los jugos. Reduce el fuego al mínimo y cuece 30 min. Aplasta las cáscaras una última vez antes de extraer los dientes de ajo. Cuela el aceite por un colador de malla fina forrado con una tela de muselina o con papel de cocina (ten cuidado, el aceite estará muy caliente). Pásalo a un robot de cocina (o usa una batidora de mano) y añade el ajo que has reservado, el chile rojo, la salsa de soja clara, el *gochugaru* o chile de Sichuan en escamas y el MSG. Tritura y reserva.

Amasa la carne de cerdo picada con el jengibre, el azúcar, la soja, el aceite de sésamo, el vino de arroz, la salsa de pescado, el agua y la sal hasta que obtengas una pasta pegajosa. Agrega la gamba seca y la cebolleta. Mete el relleno en el frigorífico hasta que vayas a montar los dumplings.

Deposita una oblea para dumplings en la palma de la mano y dispón 1 cdta. de relleno en el centro. Une los bordes y presiona con cuidado la masa para sellar el dumpling. Si lo deseas, puedes hacerle unos pliegues (véanse las imágenes de la p. 114), pero no es necesario. Repite el proceso con el resto de las obleas y dispón los dumplings rellenos en una bandeja forrada con papel vegetal, con al menos 1 cm (½ in) de separación entre ellos.

Calienta el aceite fuego medio en una sartén antiadherente. Sostén un colador a unos 10-15 cm (4-6 in) sobre la sartén y tamiza la harina hasta cubrir todo el fondo con una capa fina y homogénea. Añade los dumplings en disposición de abanico, con una separación de 1 cm (½ in) entre ellos. Según el tamaño de la sartén, quizás tengas que trabajar por tandas.

Añade a la sartén agua hirviendo hasta una altura de unos 5 mm (¼ in). Provocarás un chorro de vapor, así que asegúrate de que mantienes el rostro a una distancia segura. Tapa la sartén y cuece los dumplings al vapor 6-8 min o hasta que toda el agua se haya evaporado. Destapa la sartén y deja que los dumplings se frían sobre el fondo 1-2 min más. Se tendría que haber formado una corteza dorada entre los dumplings. Retira la sartén del fuego y espera a que los dumplings se enfríen un poco, porque se despegarán del fondo y te será más fácil sacarlos. Tapa la sartén con una fuente para servir y dale la vuelta para que los dumplings caigan sobre la fuente. Con un cuchillo de untar o con el dedo, rompe con suavidad la corteza para separar los dumplings. Cada uno debería permanecer pegado a su propio pedacito de puntilla.

Para montar los cuatro boles, reparte el aceite de cabeza de langostino entre ellos y añade a cada uno 1 cdta. de zumo de lima y un puñadito de cilantro. Dispón en cada uno 6 dumplings con la puntilla hacia arriba.

Dumplings

Dumplings de calabacín y hongos negros chinos

VG · SALEN 24-30 DUMPLINGS (4 RACIONES) · **PREPARACIÓN** 35 MIN · **COCCIÓN** 20 MIN

Para los dumplings

30 g (1 oz) de hongos negros chinos deshidratados
200 g (7 oz) de rábano *daikon*, rallado
300 g (10½ oz) de calabacín, rallado
3 cebolletas, en rodajas finas
1 cdta. de sal marina en escamas
1 cdta. de setas en polvo
½ cdta. de cebolla en polvo
1 cdta. de azúcar moreno claro
1 cdta. de aceite de sésamo
3 cdas. de salsa vegetariana para sofrito oriental (o salsa de ostras vegetariana)
1 cda. de salsa de soja clara
1 cda. de jalapeños encurtidos picados
6 cdas. de pan rallado panko
24-30 obleas para dumplings (p. 112) o 450 g (1 lb) de obleas para dumplings congeladas

Para la salsa verde

80 ml (2½ fl oz) de aceite de sabor neutro
2 dientes de ajo, rallados
4 cebolletas, en rodajas finas
1 chile verde, picado bastamente
2 puñaditos de espinacas baby
1 puñadito de hojas y tallos de cilantro, picados bastamente
1 cdta. de jugo de jalapeño encurtido
1 cdta. de sal marina (de cualquier tipo)
2 cdas. de salsa de soja clara

Se me ocurrió esta receta para mi pareja, que es vegetariano, un verano, cuando el frigorífico rebosaba de calabacines y verduras. Los hongos negros chinos son un ingrediente excepcional que tener en la despensa, porque añaden una textura y un sabor umami fantásticos.

Pon en remojo los hongos 15 min en agua hirviendo. Escúrrelos y pícalos muy finos. Estruja sobre la pica el rábano *daikon* y el calabacín rallados para eliminar el exceso de agua. Deposita en un cuenco grande los hongos, la verdura rallada, la cebolleta, la sal, las setas en polvo, la cebolla en polvo, el azúcar moreno claro, el aceite de sésamo, la salsa vegetariana o la salsa de ostras vegetariana, la salsa de soja clara y los jalapeños picados. A estas alturas, la mezcla aún estará muy húmeda. Añade el pan rallado panko y remueve bien. Refrigera el relleno para que adquiera consistencia.

Para la salsa, calienta el aceite a fuego bajo en una sartén honda. Agrega el ajo, la cebolleta y el chile verde y sofríe hasta que se pochen y empiecen a despedir aromas. Retira la sartén del fuego y añade las espinacas. Remuévelas para que se pochen. Vierte la mezcla y el resto de ingredientes para la salsa verde en un robot de cocina y tritura hasta que obtengas una salsa lisa y homogénea. Guárdala en el frigorífico hasta que la necesites.

Deposita una oblea para dumplings en la palma de la mano y dispón 1 cdta. de relleno en el centro. Une los bordes y presiona con cuidado la masa para sellar el dumpling. Si lo deseas, puedes hacerle unos pliegues (véanse las imágenes de la p. 114), pero no es necesario. Repite el proceso con el resto de las obleas y dispón los dumplings rellenos en una bandeja forrada con papel vegetal, con al menos 1 cm (½ in) de separación entre ellos.

Calienta el aceite a fuego medio en una sartén antiadherente. Sostén un colador a unos 10-15 cm (4-6 in) sobre la sartén y tamiza la harina hasta cubrir todo el fondo con una capa fina y homogénea. Añade los dumplings en una disposición de abanico, con una separación de 1 cm (½ in) entre ellos. Según el tamaño de la sartén, quizás tengas que trabajar por tandas.

Agrega agua hirviendo a la sartén hasta una altura de unos 5 mm (¼ in). Provocarás un chorro de vapor, así que asegúrate de que mantienes el rostro a una distancia segura. Tapa la sartén y cuece los dumplings al vapor 6-8 min o hasta que toda el agua se haya evaporado. Destapa la sartén y deja que los dumplings se frían sobre el fondo 1-2 min más. Se tendría que haber formado una corteza dorada entre los dumplings. Retira la sartén del fuego y espera a que los dumplings se enfríen un poco, porque se

Para la puntilla
3 cdas. de aceite de sabor neutro
2 cdas. de harina

Para servir
1 puñadito de cebollino, picado bastamente
4 cdas. de aceite de pimienta de Sichuan o de aceite picante con chili crujiente

despegarán del fondo y te será más fácil sacarlos. Tapa la sartén con una fuente para servir y dale la vuelta para que los dumplings caigan sobre la fuente. Con un cuchillo de untar o con el dedo, rompe con suavidad la corteza para separar los dumplings. Cada uno debería permanecer pegado a su propio pedacito de corteza.

Para montar los cuatro boles, reparte la salsa verde entre ellos. Espolvorea el cebollino por encima, riega con el aceite de pimienta de Sichuan y pon 6 dumplings en cada bol, con la puntilla hacia arriba.

Won ton con mantequilla avellana a la soja y setas enoki

V · **SALEN** 24-30 DUMPLINGS (4 RACIONES) · **PREPARACIÓN** 25 MIN · **COCCIÓN** 35 MIN

Para el won ton
25 g (1 oz) de hongo calabaza seco (o de setas variadas secas)
1 cda. de aceite de sabor neutro
3 cdas. de mantequilla
200 g (7 oz) de setas shiitake, picadas finas
250 g (9 oz) de champiñones, picados finos
1 cdta. de sal marina en escamas
1 diente de ajo, rallado
1 cda. de salsa de soja clara
2 cdas. de salsa vegetariana para sofritos orientales
2 cdas. de pan rallado panko
24-30 obleas para won ton (p. 108) o 200 g (7 oz) de obleas para won ton congeladas

Para las setas *enoki* fritas
100 g (3½ oz) de setas *enoki*
4 cdas. de fécula de patata
200 ml de aceite de sabor neutro

Para la mantequilla avellana a la soja
4 cdas. de mantequilla
2 cdas. de salsa de soja clara

Para servir
1 puñadito de cebollino, picado fino
1½ cdta. de pimienta negra recién molida

El sabor de la mantequilla avellana, potenciado por la profundidad umami de la salsa de soja, tiene algo verdaderamente mágico. Me la podría comer a cucharadas tres veces al día. Sin embargo, aquí la he usado para condimentar won ton de setas y transformarlos en bocados deliciosos, sedosos y brillantes. Es el tipo de plato que me gusta comer a solas, para disfrutar de todos y cada uno de los deliciosos bocados.

Pon en remojo los hongos calabaza (o setas variadas) deshidratados 15 min en agua hirviendo. Cuélalos, guarda el agua del remojo y pícalos finamente.

Añade a una sartén de fondo grueso la mitad del aceite y de la mantequilla, la mitad de las setas shiitake y de los champiñones y una pizca de sal. Cuece a fuego medio 5-6 min o hasta que las setas se hayan tostado por todos los lados. Resérvalas y repite el proceso con el resto de la mantequilla, el aceite, las setas y la sal. Devuelve ambas tandas a la sartén y añade el ajo y los hongos calabaza (o setas variadas). Remueve y baja el fuego al mínimo. Mantén al fuego hasta que todas las setas estén oscuras y se hayan caramelizado y la mantequilla despida aroma a frutos secos. Pásalo todo a un cuenco grande, agrega la salsa de soja clara, la salsa vegetariana para sofritos orientales y el pan rallado panko y mezcla bien, para dotar a la mezcla de cierta firmeza y para que absorba la mantequilla que pueda quedar.

Prepara las obleas para won ton y una tacita con agua. Empieza disponiendo una cucharadita de relleno en el centro de una oblea. Moja el dedo en el agua y pásalo por el borde de la oblea. Pliega el won ton (véanse las fotos de la p. 110 para las distintas formas de hacerlo), repite el proceso y coloca los won ton rellenos en una bandeja forrada con papel vegetal.

Divide las setas *enoki* en seis trozos, corta 2 cm del borde inferior (que suele estar cubierto de residuos marrones) y deséchalo. Aplana los trozos de setas *enoki* con los dedos para darles forma de abanico y disponlos sobre una bandeja de horno. Espolvoréalos generosamente con fécula de patata. Calienta el aceite en una sartén pequeña a 190 °C (375 °F). El aceite ha de estar lo bastante caliente para que aparezcan burbujitas en la superficie cuando sumerjas la punta de un palillo chino de madera o de una cuchara de madera. Fríe las setas *enoki* por tandas 12 min o hasta que se doren. Escúrrelas sobre papel de cocina.

Reparte la mantequilla avellana a la soja entre cuatro cuencos.

Lleva a ebullición una olla grande con agua y añade los won ton. Quizás debas hacerlo por tandas, para no llenarla demasiado. Cuécelos 4-5 min o hasta que asciendan a la superficie. Sácalos con una rasera y pon 6 en cada bol. Remueve con cuidado para untarlos con la mantequilla avellana.

Remata los boles con el cebollino, la pimienta negra recién molida y un abanico de setas *enoki* fritas.

Dumplings de cristal de langostinos y calabaza

SALEN 24-30 DUMPLINGS (4 RACIONES) · **PREPARACIÓN** 45 MIN · **COCCIÓN** 1 HORA 15 MIN

Para el relleno
350 g (12 oz) de langostinos, pelados y desvenados
1 calabaza o calabaza violín pequeña (aprox. 400 g [14 oz])
1 chile rojo pequeño, picado fino
4 cebolletas, en rodajas finas
1 cda. de pasta de *miso*
1 trozo de jengibre de 1 cm (½ in), rallado
1 cdta. de sal marina fina
1 cda. de salsa de soja clara
2 cdas. de aceite picante con chili crujiente o similar
2 cdtas. de aceite de sésamo
35 g (1¼ oz) de repollo chino, en tiras finas
4 cdas. de pan rallado panko

Para los dumplings
110 g (3¾ oz) de almidón de trigo
110 g (3¾ oz) de fécula de patata
200 ml (7 fl oz) de agua recién hervida
3 cdas. de manteca de cerdo
aceite de sabor neutro, para engrasar

Para la salsa
2 cdas. de salsa de soja clara
2 cdas. de vinagre de arroz *Chinkiang*

Esta receta es una oda a mis dumplings preferidos del Jade City, uno de mis restaurantes favoritos de Manchester. Sus maravillosos dumplings de calabaza y marisco son de un naranja encendido y nunca faltan en mi pedido de *dim sum* cuando me siento a su mesa. Para que esta receta sea vegana, basta con sustituir la manteca de cerdo de la masa por un aceite de sabor neutro o por una manteca vegetal y con omitir los langostinos y usar más calabaza.

Precalienta el horno a 200-180 °C con ventilador (400 °F/Gas 6). Corta los langostinos por la mitad y resérvalos en el frigorífico.

Pincha la calabaza varias veces con un cuchillo y disponla sobre una bandeja de horno. Hornéala a media altura 1-2 horas o hasta que la pulpa se haya ablandado por completo. Espera a que se enfríe un poco. Con una cuchara, extrae la pulpa de la calabaza y pásala a un cuenco grande, sin la piel y sin las semillas. Agrega el chile, la cebolleta, la pasta de *miso*, el jengibre, la sal, la salsa de soja clara, el aceite picante con chili crujiente y el aceite de sésamo y remueve. Incorpora las tiras de repollo y combina. Agrega el pan rallado panko y remueve. Si la masa aún queda demasiado húmeda, añade más pan rallado. El relleno ha de tener una textura firme. Si tienes tiempo, refrigéralo hasta que lo necesites.

Para los dumplings, mezcla los almidones, añade el agua hervida y bate para integrarlo todo. Agrega la manteca de cerdo sin dejar de batir. Cuando la masa se haya enfriado lo suficiente, amásala 10-15 min o hasta que sea completamente homogénea, sin grumos, o también puedes hacerlo 8 min con un robot de cocina utilizando el gancho para amasar.

Divide la masa en dos y cubre una mitad con un papel de cocina húmedo. Estira la otra mitad y dale forma de salchicha larga, con un grosor de 2,5 cm. Córtala en trozos de 10 g (¼ oz), forma bolas y tápalas con papel humedecido. Trabaja las bolas de dos en dos para que la masa no se seque. Haz rodar cada bola entre las manos, hasta que sean blandas y dúctiles.

Pinta la superficie de trabajo con un poco de aceite de sabor neutro. Aplasta una de las bolas de masa con la palma de la mano y forma una oblea de dumpling circular de 1-2 mm (1/16 in) de grosor y 7-8 cm (2¾ -3¼ in) de ancho. Dispón un trozo de langostino en el centro y, encima, 1 cdta. del relleno de calabaza. Une los bordes y presiona con cuidado la masa para sellar el dumpling. Dale la vuelta, para que el pliegue quede debajo. Repite el proceso con el resto de masa y de relleno.

Lleva a ebullición una olla de agua. Forra el fondo de una vaporera con papel vegetal agujereado (lo puedes comprar ya así o pincharlo con la punta de un cuchillo afilado). Pasa los dumplings a la vaporera con al menos 1 cm (½ in) de separación entre ellos. Es posible que los tengas que cocinar por tandas. Coloca la vaporera sobre el agua hirviendo y cuece los dumplings al vapor 6-8 o hasta que las obleas se vuelvan translúcidas. Combina los ingredientes de la salsa y sírvela para acompañar los dumplings de cristal.

Dumplings de cerdo y hongos chinos negros

SALEN 24-30 DUMPLINGS (4-6 RACIONES) · **PREPARACIÓN** 30 MIN · **COCCIÓN** 15 MIN

Para los dumplings

1 puñadito de hongos chinos negros secos
200 g (7 oz) de carne de cerdo picada (> 20 % grasa)
1 cdta. de azúcar moreno claro
1 cda. de salsa de soja clara
1 cdta. de aceite de sésamo
1 trozo de jengibre de 2,5 cm (1 in), rallado
1 cda. de vino de arroz de *Shaoxing*
2 cdas. de salsa *shacha*
2 cebolletas, picadas finas
24-30 obleas para dumplings (p. 112) o 450 g (1 lb) de obleas para dumplings congeladas
2 cdas. de aceite de sabor neutro

Para el glaseado

5 cdas. de salsa *shacha*
5 cdas. de agua

Para servir

4 cdas. de cebolla escalonia crujiente envasada

NOTA

La salsa *shacha* es una salsa espesa elaborada con ajo, cebolla escalonia, chile y gamba seca. Tiene un sabor intensamente salado y umami. Yo uso la de la marca Bullhead.

Los dumplings de fondo crujiente y caramelizado de esta receta rinden tributo a la técnica tradicional para hacer dumplings y también a la tarta tatin, pero con dumplings y salsa barbacoa china (*shacha*).

Pon en remojo los hongos chinos negros 15 min en agua hirviendo. Cuélalos, reserva el agua del remojo y pícalos bastamente.

Amasa la carne de cerdo picada con el azúcar moreno claro, la salsa de soja clara, el aceite de sésamo, el vino de arroz de *Shaoxing*, el jengibre y 2 cdas. del agua del remojo de los hongos negros hasta que la mezcla sea una pasta pegajosa. Añade la salsa *shacha*, la cebolleta y los hongos negros picados y amasa para que se integren en el relleno. Guárdalo en el frigorífico hasta que lo necesites para montar los dumplings.

Mezcla la salsa sacha y el agua. Reserva.

Deposita una oblea para dumplings en la palma de la mano y dispón 1 cdta. colmada de relleno en el centro. Une los bordes y presiona con cuidado la masa para sellar el dumpling. Si lo deseas, puedes hacerle unos pliegues (véanse las imágenes de la p. 114), pero no es necesario. Repite el proceso con el resto de las obleas y dispón los dumplings rellenos en una bandeja forrada con papel vegetal, con al menos 1 cm (½ in) de separación entre ellos.

Cocerás los dumplings en dos tandas. Calienta el aceite de sabor neutro a fuego medio en una sartén antiadherente grande. Añade la mitad de los dumplings y deja 1 cm (½ in) de separación entre ellos. Agrega agua hirviendo hasta una altura de 5 mm (¼ in). Provocarás un chorro de vapor, así que asegúrate de apartar el rostro. Tapa la sartén y cuece los dumplings al vapor 8-10 min o hasta que la mayoría del agua se haya evaporado. Destapa la sartén y añade la mitad de la mezcla de salsa *shacha*, hasta que cubra el fondo de la sartén. Cuece 2-3 min o hasta que se empiece a caramelizar, retira la sartén del fuego y dispón los dumplings sobre una fuente con la base caramelizada hacia arriba. Espolvoréalos con la cebolla escalonia crujiente y sirve al instante.

Dumplings de mapo tofu

SALEN 24-30 DUMPLINGS (4 RACIONES) · **PREPARACIÓN** 25 MIN · **COCCIÓN** 30 MIN

120 g (4 ¼ oz) de carne de cerdo picada (> 20 % grasa)
1 diente de ajo, rallado
3 cebolletas, en rodajas finas
1 cda. de *doubanjiang*
1 cda. de aceite picante con chili crujiente o similar
1 cda. de azúcar moreno claro
2 cdas. de vino de arroz de *Shaoxing*
1 cdta. de aceite de sésamo
2 cdas. de salsa de soja clara
1 cda. de jalapeños encurtidos picados
1 cda. de jugo de jalapeño encurtido
2 cdas. de agua
½ cdta. de granos de pimienta de Sichuan molidos, tamizados
200 g (7 oz) de tofu firme sedoso
24-30 obleas para dumplings (p. 112) o 450 g (1 lb) de obleas para dumplings congeladas

Para condimentar los boles

4 cdas. de aceite de pimienta de Sichuan
4 cdas. de vinagre de arroz negro *Chinkiang*
4 cdas. de salsa de soja clara
1 puñadito de cebollino, picado fino
4 cdtas. de jalapeños encurtidos picados (con el jugo)

La deliciosa combinación de tofu firme sedoso y de carne de cerdo picada en una sabrosa salsa roja hace del *mapo* tofu uno de mis platos preferidos de la gastronomía de Sichuan. La salsa es el resultado del profundamente umami y especiado *doubanjiang* (pasta de legumbres fermentadas picantes), que transmite los aromas característicamente especiados y picantes de la cocina de Sichuan.

Amasa la carne picada con el ajo, la cebolleta, el *doubanjiang*, el aceite picante, el azúcar moreno claro, el vino de arroz de *Shaoxing*, el aceite de sésamo, la salsa de soja clara, los jalapeños encurtidos picados, el jugo del encurtido y el agua, hasta que obtengas una pasta pegajosa. Añade los granos de pimienta de Sichuan molidos.

Corta el tofu en dados de 5 mm (¼ in) y añádelos con mucho cuidado a la carne picada. Es posible que se desmenucen un poco, pero el objetivo es que puedas encontrar trocitos de tofu por todo el relleno.

Deposita una oblea para dumplings en la palma de la mano y dispón 1 cdta. colmada de relleno en el centro. Une los bordes y presiona con cuidado la masa para sellar el dumpling. Si lo deseas, puedes hacerle unos pliegues (véanse las imágenes de la p. 114), pero no es necesario. Repite el proceso con el resto de las obleas y del relleno.

Pasa los dumplings a una vaporera forrada con papel vegetal (o con un par de hojas de col) y con al menos 1 cm (½ in) de separación entre ellos. Coloca la vaporera sobre una olla con agua hirviendo y cuece los dumplings al vapor 8-10 min. Quizás tengas que cocinarlos por tandas.

Para montar el plato, condimenta cada bol con 1 cda. de aceite de pimienta de Sichuan, 1 cda. de vinagre de arroz negro *Chinkiang*, 1 cda. de salsa de soja clara, 1 cdta. de cebollino, 1 cdta. de jalapeños encurtidos y remueve bien para combinar los ingredientes. Dispón 6 dumplings en cada bol y remueve para untarlos con los condimentos.

Dumplings de ternera y jengibre en aceite picante

SALEN 24-30 DUMPLINGS (4 RACIONES) · **PREPARACIÓN** 25 MIN · **COCCIÓN** 30 MIN

Para los dumplings
400 g (14 oz) de carne de ternera picada (> 20 % grasa)
1 cda. de vinagre de arroz de *Shaoxing*
1 cda. de salsa de soja clara
1 cdta. de aceite de sésamo
1 cdta. de sal marina (de cualquier tipo)
2 cdtas. de azúcar moreno claro
1 cda. de salsa de pescado
4 cdas. de agua
2 cdtas. de grasa de pato o de ternera, fundida
4 cebolletas, en rodajas finas
1 trozo de jengibre de 7,5 cm (3 in), rallado (reserva el jugo)
2 dientes de ajo, rallados
24-30 obleas para dumplings (p. 112) o 450 g (1 l b) de obleas para dumplings congeladas

Para el aceite picante
2 cebolletas, en rodajas finas
3 dientes de ajo, rallados
3 cdas. de guindilla de Sichuan en escamas o *gochugaru*
2 cdas. de semillas de sésamo tostadas
6 cdas. de aceite de sabor neutro
3 cdas. de salsa de soja clara
2 cdas. de salsa de ostras
1 cda. de azúcar moreno claro

Estos dumplings están inspirados en mi amiga Mei, que regenta una empresa de catering en mi ciudad natal (Manchester) y vende sus dumplings caseros y el aceite picante elaborado con la receta de su familia (@ohmeidumpling). Siempre tengo una reserva de sus dumplings en el congelador y los de ternera y jengibre son mis preferidos. Aunque sus recetas son secretas, este es mi homenaje a la reina de los dumplings.

En un cuenco grande, mezcla la ternera, el vino de arroz de *Shaoxing*, la salsa de soja clara, el aceite de sésamo, la sal, el azúcar moreno claro, la salsa de pescado, el agua y la grasa. Remueve con una cuchara de madera en el sentido de las agujas del reloj hasta que obtengas una pasta espesa y pegajosa. Para obtener esta textura, tendrás que hacer girar la ternera con fuerza en el cuenco y, si es necesario, añadir un poco más de agua. Añade la cebolleta, el jengibre (con el jugo) y el ajo, y sigue removiendo hasta que todos los ingredientes estén bien integrados en el relleno.

Deposita una oblea para dumplings en la palma de la mano y dispón 1 cdta. colmada de relleno en el centro. Une los bordes y presiona con cuidado la masa para sellar el dumpling. Si lo deseas, puedes hacerle unos pliegues (véanse las imágenes de la p. 114), pero no es necesario. Repite el proceso con el resto de las obleas y del relleno.

Pasa los dumplings a una vaporera forrada con papel vegetal (o con un par de hojas de col) y con al menos 1 cm (½ in) de separación entre ellos. Coloca la vaporera sobre una olla con agua hirviendo y cuece los dumplings al vapor 8-10 min. Quizás tengas que cocinarlos por tandas.

Añade la cebolleta, el ajo, la guindilla de Sichuan en escamas o el *gochugaru* y las semillas de sésamo tostadas a un cuenco grande y resistente al calor. Calienta el aceite de sabor neutro a fuego alto en una sartén hasta que empiece a humear. Viértelo con mucho cuidado sobre los aromáticos (¡recuerda que crepitarán y saltarán!). Remueve para que los ingredientes se mezclen bien. Agrega la salsa de soja clara, la salsa de otras y el azúcar. Remueve hasta que el azúcar se haya disuelto. Reparte el aceite en cuatro boles para servir y pon 6 dumplings en cada uno. Remuévelos para que se unten bien.

Oyakodon

RACIONES 2 · **PREPARACIÓN** 10 MIN · **COCCIÓN** 20-40 MIN

150 ml (5 fl oz) de caldo *chintan* de pollo (p. 20) (opcional)
90 ml (3 fl oz) de caldo *dashi* (a partir de caldo en polvo)
2 cdas. de *mirin*
1 cdta. de azúcar moreno claro
4 cdas. de salsa de soja clara
75 g de muslos de pollo, en tiras de 1 cm (½ in)
4 cebolletas, cortadas por la mitad y en rodajas de 5 cm (2 in)
4 huevos medianos
300 g (10½ oz) de arroz al vapor (p. 157).

NOTA

Obtendrás mejores resultados si cocinas las raciones individualmente, ya sea en paralelo en dos sartenes o una después de la otra.

Para este plato se suelen usar sartenes específicas para *oyakodon*, que tienen un mango muy largo, pero una sartén antiadherente de 20 cm (8 in) de diámetro también funcionará a la perfección.

Investigando, descubrí que el *oyakodon* tiene su origen en un restaurante de Tokio llamado Tamahide, célebre por su *sukiyaki* de pollo, que elaboran con sus propios pollos *shamo*, una raza alta y musculosa.

En 1891, Yamada Toku, de la quinta generación de propietarios, decidió aprovechar el caldo sobrante de un *sukiyaki* de pollo. Lo añadió a carne de pollo y a un huevo y así nació el *oyakodon*. *Oyakodon* es la unión de dos palabras, *oyako* que significa «padre e hijo» (y que aquí son el pollo y el huevo) y *don*, la abreviatura de *donburi*, que significa «plato de arroz».

El Tamahide sigue usando pollos *shamo* de su corral, lo que significa que los ingredientes que uses marcarán una gran diferencia. Compra el pollo y los huevos de la mejor calidad que te puedas permitir. Al fin y al cabo, son las estrellas del espectáculo. También convendría que usaras una marca de soja japonesa.

Si quieres vivir la experiencia casera completa, sirve el *oyakodon* acompañado de un bol de caldo *chintan* de pollo. No es el Tamahide, pero siempre me reconforta muchísimo.

Si has decidido usar el caldo *chintan* de pollo, caliéntalo a fuego bajo.

Mezcla 3 cdas. de *dashi*, 1 cda. de *mirin*, ½ cdta. de azúcar y 2 cdas. de salsa de soja clara en una sartén antiadherente pequeña y caliéntalo todo a fuego medio. La mezcla empezará a burbujear y se espesará un poco cuando el azúcar se haya disuelto del todo. Añade la mitad de la pechuga y del muslo de pollo y la mitad de la cebolleta y distribuye todos los ingredientes de forma homogénea por la sartén. Asegúrate de que los trozos de carne estén separados entre sí. Cuando hayan pasado unos 3 o 4 min, el pollo debería estar prácticamente hecho.

Bate 2 huevos y viértelos con cuidado sobre el pollo y la salsa. Baja el fuego a medio-bajo y prolonga la cocción 3-4 min. En el Tamahide, sirven el huevo justo en el momento antes de que acabe de cuajar y cuando aún se bambolea. Si prefieres el tuyo más hecho, tapa la sartén con una tapa (o un plato) y mantenla al fuego 1-2 min más. Así se acabarán de hacer del todo. Mantén el fuego al mínimo para que la parte inferior no se enganche y se queme.

Para servir, desliza el huevo y el pollo sobre un cuenco de arroz bien caliente. Limpia la sartén y repite el proceso para el segundo bol. Si te apetece, acompáñalos con un bol de caldo de pollo calentito.

Arroz

Arroz con pollo

RACIONES 4-6 · **PREPARACIÓN** 45 MIN · **COCCIÓN** 1 HORA

Para el pollo
1 pollo entero (aprox. 1,8 kg [4 lb]) de la mejor calidad que te sea posible, yo compro pollo alimentado con maíz
3 cdas. de sal marina fina
1 trozo de jengibre de 7,5 cm (3 in), en rodajas
4 cebolletas

Para el arroz
3 dientes de ajo, pelados y majados
1 trozo de jengibre, en rodajas y majado
1 cda. de aceite de sabor neutro
450 g (1 lb) de arroz jazmín
1 hoja de *pandano*, hecha un nudo, o 2 hojas de laurel

Para la salsa de chile
1 trozo de jengibre de 7,5 cm (3 in), rallado
4 dientes de ajo
4 chiles rojos pequeños
6 cdas. de salsa de soja amarilla
4 cdas. de azúcar moreno claro
1 cda. de salsa de soja oscura
3 cdas. de salsa de soja clara
3 cdas. de vinagre de arroz negro *Chinkiang*
1 pizca de pimienta blanca molida

Para el caldo
2 rodajas de jengibre
2 cdtas. de azúcar moreno claro
1 cdta. de sal marina
1 pizca de pimienta blanca molida

Para servir
1 pepino, en rodajas gruesas
1 puñadito de cilantro
Salsa de jengibre y cebolleta (opcional)

Este plato, al que se suele llamar arroz con pollo de Hainan, procede de esta ciudad china y luego se extendió por todo el Sudeste Asiático, sobre todo en Malasia y en Singapur y probablemente de la mano de migrantes chinos. Es posible que lo encuentres como *khao man gai* en Tailandia y como *com ga hai nam* en Vietnam.

A pesar de lo sencillo de su aspecto una vez en el plato, sé por experiencia que hace falta tiempo para elaborar a la perfección cada uno de los elementos y que errar el tiro es extraordinariamente fácil. Por ejemplo, la textura de la carne ha de ser jugosa a la vez que firme, con una piel suave y gelatinosa que se consigue hirviendo el pollo para acto seguido sumergirlo en agua fría. Este proceso le otorga un aspecto casi gomoso, pero crea una gruesa capa de gelatina de pollo entre la piel y la carne. Normalmente, la carne se serviría al punto y ligeramente rosada junto al hueso, porque así conserva todos los jugos y el sabor. El agua donde se ha cocido el pollo se aprovecha para cocer el arroz también y luego se sirve como sopa aromatizada de un modo muy simple, pero con un sabor inmenso.

Este plato exige cierto ensayo y error, pero sigue este método y, con unos cuantos consejos prácticos y un poco de esmero y de atención al detalle, conseguirás una réplica sabrosa. El pollo, el arroz y la salsa se han de comer juntos. Luego, el caldo alivia el paladar y el pepino lo limpia.

Podemos encontrar múltiples salsas preparadas con las que acompañar este arroz con pollo. Si encuentras salsa de jengibre y cebolleta de calidad, te recomiendo que la uses. En Reino Unido, me encanta la de Sambal Shiok, que se puede comprar en línea.

Lo primero es exfoliar el pollo. Sí, has leído bien. Frota la piel del pollo con 2 cdas. de sal y asegúrate de frotar todos los recovecos de las pechugas y de los muslos. Deberías ver cómo se desprenden trocitos de piel y de residuos. Enjuágalo bien, retira toda la sal y sécalo a toquecitos con papel de cocina. Ahora, debería tener un aspecto brillante, liso y limpio. Corta la grasa del cuello y resérvala en el frigorífico, en un plato plano.

Rellena el pollo con las rodajas de jengibre y las cebolletas enteras. Mételo en una olla grande y cúbrelo con agua fría hasta sumergirlo casi del todo, pero con los extremos superiores de las pechugas aún ligeramente por encima del agua. Sazona el agua con la cda. de sal que queda y llévala a ebullición a fuego alto. Retira y desecha la espuma que ascienda a la superficie. Baja el fuego, tapa la olla y hierve a fuego muy bajo 25 min.

Mientras, prepara un recipiente lo bastante grande para que quepa el pollo y llénalo de agua con cubitos de hielo. Con mucho cuidado, saca el pollo de la olla de agua hirviendo y sumérgelo en el agua helada. No te saltes este paso. Mientras, deja que el agua de cocción del pollo se enfríe en la olla.

Una vez pasados 10 min, saca el pollo y sécalo a toquecitos con papel de cocina. Debería tener un aspecto gomoso y brillante. Resérvalo.

En un robot de cocina pequeño o con una mano de mortero, tritura o muele el ajo y el jengibre hasta que obtengas una pasta desigual.

Deposita la grasa del cuello que has reservado en un cazo grande y caliéntala a fuego medio. Se empezará a fundir y aparecerá un charquito de grasa. La carne magra se chamuscará y se volverá crujiente. Deséchala. Añade el aceite de sabor neutro a la grasa de pollo y sofríe la pasta de ajo y jengibre. Ahora añade el arroz y remueve para que se unte bien del sofrito. Agrega 600 ml (2 fl oz) del agua de hervir el pollo y la hoja de *pandano* o las de laurel. Lleva el agua a ebullición y baja el fuego. Tapa el cazo y cuece el arroz 20 min. Retira del calor, pero no destapes el cazo hasta dentro de 10 min. También puedes pasar el arroz, los aromáticos y el caldo a una arrocera y seguir las instrucciones de la máquina.

Mientras, deposita el jengibre, el ajo y los chiles en un robot de cocina pequeño o en un mortero y tritura o maja hasta que obtengas una pasa homogénea y sin grumos. Agrega la salsa de soja amarilla, el azúcar moreno claro, la salsa de soja oscura, la salsa de soja clara, el vinagre de arroz negro *Chinkiang* y la pimienta blanca molida. Comprueba la condimentación y, si lo quieres más picante, añade otro chile. Vuelca la salsa en un cazo pequeño a fuego medio y deja que burbujee lentamente 2–3 min o hasta que se haya espesado y caramelizado un poco. Retira del fuego y deja que se enfríe.

Agrega las rodajas de jengibre, el azúcar moreno, la pimienta blanca y la sal marina fina al resto del caldo de pollo y llévalo a ebullición a fuego bajo. Debería ser transparente y contar con una buena capa de grasa. Comprueba la condimentación del caldo y, si es necesario, añade más sal, azúcar o pimienta blanca. Cuélalo por un colador de malla fina forrado con una tela de muselina.

Retira la carne oscura de los huesos y desmenúzala con un tenedor. Con un cuchillo, corta la carne blanca en rodajas de 1 cm (½ in). El pollo debería conservar la piel, y la carne debería estar jugosa y brillante.

Saca del arroz el *pandano* o el laurel.

Sirve una ración de arroz con un poco de pollo, rodajas de pepino y una ramita de cilantro. Sirve un cuenco con caldo y un platito con salsa de chile para acompañar. El arroz y el caldo deberían estar calientes, y el pollo y la salsa, a temperatura ambiente.

Torikatsudon

RACIONES 2 · **PREPARACIÓN** 20 MIN · **COCCIÓN** 30 MIN

2 muslos de pollo, sin piel y sin huesos
60 g (2¼ oz) de harina
¼ de cdta. de sal marina fina
5 huevos
125 g de pan rallado panko
100 ml (3½ fl oz) de aceite de sabor neutro
125 ml (3½ fl oz) de caldo *dashi* (a base de polvo)
2 cdtas. de *mirin*
2 cdas. de salsa de soja clara
2 cdtas. de azúcar moreno claro
1 cda. de sake
2 cebolletas, en rodajas de 2,5 cm (1 in)
300 g (10½ oz) de arroz al vapor (p. 157)
½ cdta. de *furikake* (p. 14)

NOTA

Si se prepara en una sartén grande, esta receta da para dos personas. Si la preparas para más gente, seguramente necesites usar más sartenes o cocinar en tandas.

Este mismo método se puede usar con cerdo, y entonces el plato se llama *katsudon*.

El *torikatsudon* es un delicioso plato de arroz y pollo. *Katsu* se traduce como «chuleta empanada» y alude a un filete de carne rebozado en pan rallado y frito. *Tori* significa «pollo», que en este plato se empana, se hierve a fuego bajo en un caldo umami, dulce y salado y finalmente se riega con huevo batido antes de servirlo sobre arroz jazmín al vapor. *Don* es la abreviatura de *donburi*, que significa «plato de arroz».

Introduce los muslos de pollo en una bolsa para congelador o envuélvelos en papel film. Golpéalos con un rodillo hasta convertirlos en filetes de aproximadamente 1,5 cm (5/8 in) de grosor. No los hagas muy finos, porque el objetivo es conseguir un grosor homogéneo y que se cuezan por igual.

Dispón tres boles o platos soperos. En uno, mezcla la sal y la harina. En otro, casca y bate uno de los huevos. En el tercero, vierte el pan rallado panko. Pon los tres platos en este orden. Coge un muslo de pollo y rebózalo completamente en la harina. Dale toquecitos para que se desprenda el exceso y sumerge el pollo en el huevo. Luego pásalo por el pan rallado. Presiona el pan sobre el pollo, para que quede rebozado con una capa gruesa y homogénea. Repite el proceso con el otro muslo.

Calienta el aceite de sabor neutro a fuego medio en una sartén de fondo grueso. Deja caer una miga de panko en el aceite. Cuando crepite y ascienda a la superficie, el aceite habrá alcanzado la temperatura adecuada. Saca la miga de pan y, con cuidado, añade los muslos de pollo rebozados con ayuda de unas pinzas de metal. Cuidado con las salpicaduras de aceite. Fríe el pollo 4-6 min por cada cara o hasta que se dore y esté crujiente. Sácalo de la sartén y déjalo escurrir sobre papel de cocina.

Tendrás que coordinar los pasos siguientes para que todo esté preparado al mismo tiempo. Limpia la sartén del *katsu*, prepara el caldo *dashi*, bate los 4 huevos que quedan y ten el resto de los ingredientes al alcance de la mano.

Añade el *dashi*, el *mirin*, la salsa de soja clara, el azúcar moreno claro y el sake a la sartén limpia y remueve bien para combinar los ingredientes. Cuece a fuego alto 2 min o hasta que empiece a burbujear. Baja a fuego medio. Agrega la cebolleta y hierve a fuego bajo hasta que el caldo se reduzca y se espese un poco. Añade el pollo *katsu* y déjalo hervir a fuego bajo 2 min. Vierte el huevo batido sobre el caldo y el pollo, para crear una capa de huevo uniforme.

Baja el fuego a medio-bajo y tapa la olla. Mantén al fuego 3-4 min (los huevos han de cuajar, pero también mantener un ligero movimiento y aún debería quedar agua por debajo). Si la sartén está seca y el huevo ha cuajado, es que te has pasado de cocción. Retira del fuego y sirve inmediatamente sobre un lecho de arroz al vapor y una pizca de *furikake* espolvoreado por encima.

Arroz 147

Gyudon con huevo onsen japonés

RACIONES 2 · **PREPARACIÓN** 10 MIN · **COCCIÓN** 25 MIN

2 huevos
2 cdas. de salsa de soja clara
1 cda. de sake
1 cda. de azúcar moreno claro
1 cda. de *mirin*
1 cdta. de *dashi* en polvo
75 ml (2½ in) de agua hervida
1 trozo de jengibre de 1 cm (½ in), rallado
200 g (7 in) de falda/vacío/entrecot de ternera, en láminas muy finas
½ cebolla, en rodajas finas

Para servir
300 g (10½ oz) de arroz al vapor (p. 157)
1 cebolleta, en rodajas finas
2 hojas de *shiso*, enrolladas y en tiras finas (opcional) (p. 90)
1 cda. de jengibre encurtido rosa, en laminas finas
1 cdta. de *furikake* (p. 14)

El *gyudon* japonés es un guiso de ternera laminada y cebolla que se sirve sobre un bol de arroz muy caliente. Es saciante y rápido de preparar y tiene un precio razonable.

Se acostumbra a servir con una yema de huevo cruda acomodada en el centro. A mí me gusta el *gyudon* con *onsen tamago*, o «huevo de manantial», que tradicionalmente se cocinaba en el agua a temperatura constante de los manantiales termales. La temperatura del agua, por debajo del punto de ebullición, permite que el huevo se cueza muy lentamente, que la clara apenas cuaje y que la yema siga líquida.

Si compras la carne en una carnicería, pide que te la corten en láminas tan finas como les sea posible. Si no, y para conseguir las finísimas láminas, métela en el congelador antes de laminarla con un cuchillo afiladísimo. En los supermercados chinos es habitual encontrar ternera en láminas finas congelada, para guisar, y también funciona muy bien en este plato.

Mete los huevos en un cuenco hondo y sumérgelos en un cuenco más grande (o en un cazo) lleno de agua recién hervida. Tapa el cuenco (con un plato o una tapa) y deja que los huevos se cuezan 15 min. Retira los huevos del baño de agua templada y pásalos bajo el grifo de agua fría para detener la cocción. Resérvalos. Si tienes un termómetro o un roner (cocedor a baja temperatura), podrás cocerlos con más precisión: 75 °C (167 °F) durante 13 min. También tienes la alternativa de preparar la receta con huevos escalfados o fritos, con los que también quedará deliciosa.

Vierte la salsa de soja, el sake, el arroz moreno claro, el *mirin*, el *dashi* en polvo y el agua en una sartén de fondo grueso. Lleva a ebullición a fuego bajo y espera a que el azúcar se disuelva. Añade el jengibre rallado y la ternera cortada en rodajas finas. Remueve para que todos los ingredientes se mezclen bien y hierve a fuego bajo 3-4 min. Agrega las cebollas y cuécelas 5 min o hasta que la ternera se haya hecho del todo, la salsa se haya reducido y la cebolla se haya hecho, pero no esté demasiado blanda.

Sirve sobre un lecho de arroz al vapor con cebolleta, *shiso* en tiras finas (si tienes) y jengibre encurtido. Casca con cuidado un huevo *onsen* en un recipiente pequeño (la yema estará hecha, pero la clara apenas se habrá cuajado). Vuelca el huevo en el centro de la ternera guisada y espolvoréalo con *furikake*.

Arroz con pollo y miso a la cazuela

RACIONES 2 · **PREPARACIÓN** 1 HORA 15 MIN · **COCCIÓN** 20 MIN

1 puñadito de hongos chinos negros deshidratados (opcionales)
240 g (8½ oz) de arroz jazmín
240 ml (8 fl oz) de agua
2 cdas. de salsa de soja clara
1 cda. de salsa de ostras
1 cda. de vino de arroz de *Shaoxing*
2 cdas. de *miso* blanco
½ cdta. de sal marina (de cualquier tipo)
1 cdta. de azúcar moreno claro
1 cdta. de aceite de sésamo
1 pizca de pimienta blanca molida
2 muslos de pollo sin hueso y con piel (aprox. 240 g [8½ oz]), en rodajas de 1 cm (½ in)
4 setas shiitake secas, en remojo en agua hirviendo 15 min, en láminas finas
1 trozo de jengibre de 2,5 cm (1 in), en rodajas finas
4 cebolletas, con la parte blanca entera y el tallo verde en rodajas finas

El arroz a la cazuela es el plato de cuchara definitivo. Hay muchos estilos y variaciones, pero todas se caracterizan por el delicioso arroz crujiente que se queda pegado en el fondo. Es un plato extraordinariamente reconfortante y fácil de preparar y esta es mi versión preferida. El aroma de la arcilla tiene algo especial que se suma a las cualidades reconfortantes de este plato. Las cazuelas de barro son muy asequibles y fáciles de encontrar y, si quieres una asiática, la puedes comprar en línea o en mercados orientales.

Si tienes una cazuela oriental, deberás cocinar sobre gas o sobre llama de carbón. Si no tienes cazuela de barro, puedes usar un caldero de hierro o una olla holandesa. Una arrocera pequeña también te servirá: dispón el arroz y los ingredientes como explico a continuación y pulsa «Cocinar». Eso sí, asegúrate de que el pollo esté hecho antes de servirlo. Por otro lado, si quieres preparar una versión vegana, sustituye el pollo por tofu firme a las cinco especias y la salsa de ostras por salsa vegetariana para sofritos orientales.

Dispón la cazuela en la pica y sumérgela por completo en agua fría. Déjala en remojo mientras preparas el resto de los ingredientes.

Pon los hongos chinos (si has decidido usarlos) en remojo en agua hirviendo 15 min. Escúrrelos y pícalos finos.

Enjuaga el arroz en un colador hasta que el agua salga transparente. Vuélcalo en una cazuela de barro de 22 cm (8½ in) y añade el agua. Deja el arroz en remojo a temperatura ambiente 1 hora.

Mezcla la salsa de soja clara, la salsa de ostras, el arroz de vino de *Shaoxing*, el *miso* blanco, la sal, el azúcar moreno claro, el aceite de sésamo y la pimienta blanca molida. Deposita los muslos de pollo en este adobo con las setas shiitake y los hongos negros.

Acomoda el jengibre y las cebolletas en el arroz y el agua. Dispón la mezcla de pollo y setas por encima, junto a toda la salsa del adobo. No remuevas.

Tapa la cazuela y caliéntala a fuego medio-alto hasta que rompa a hervir (verás que empieza a salir vapor por el orificio de la tapa de la cazuela). Baja el fuego al mínimo y prolonga la cocción 12 min o hasta que el arroz haya absorbido toda la humedad y esté hecho. La capa inferior de arroz debería estar crujiente. Sirve con las hojas verdes de cebolleta laminadas.

Lu rou fan

RACIONES 4 · **PREPARACIÓN** 10 MIN · **COCCIÓN** 2-3 HORAS

1 cda. de aceite de sabor neutro
600 g (1 lb 5 oz) de panceta de cerdo con la piel, en dados de 1 cm (½ in)
2-3 dientes de ajo, majados o rallados
2 cdas. de azúcar moreno claro
4 cdas. de vino de arroz de *Shaoxing*
1 cda. de miel líquida
120 ml (4 fl oz) de salsa de soja clara
1 cdta. de polvo de cinco especias chinas
1 ramita de canela
1 cda. de salsa de soja oscura
1 pizca de pimienta blanca molida
700 ml (24 fl oz) de agua
6 cdas. de cebolla escalonia crujiente envasada
4 huevos medianos
600 g (1 lb 5 oz) de arroz al vapor (p. 157)

El *lu rou fan* es un reconfortante plato popular taiwanés que gira en torno a una salsa de carne guisada a fuego lento hasta que se funde y servida sobre un lecho de arroz. La textura de la carne varía en función de la región: los trozos de panceta cortada a mano, más grandes, son habituales en el sur, mientras que en el norte se suele usar carne picada. A veces, se sirve acompañado de huevos duros.

La primera vez que probé este plato fue en Taipéi, donde me lo sirvieron en un bol de papel con cucharilla de plástico y condimentos adicionales sobre la mesa. Esta es mi versión de ese plato que tanto me gustó.

Calienta el aceite de sabor neutro a fuego medio-alto en una sartén de fondo grueso. Añade los dados de panceta y fríelos hasta que la grasa se empiece a fundir y la carne se dore. Agrega el ajo y sofríelo 30 segundos o hasta que empiece a despedir aromas. Incorpora el azúcar y caliéntalo hasta que se caramelice y unte los dados de panceta. Añade ahora el vino de arroz de *Shaoxing* y deja que burbujee suavemente junto al azúcar y la panceta.

Agrega la miel, la salsa de soja clara, el polvo de cinco especias, la canela, la salsa de soja oscura, la pimienta blanca molida y el agua y remueve para que los ingredientes se mezclen bien. Lleva a ebullición a fuego bajo y añade la cebolla escalonia crujiente. Tapa la sartén y baja el fuego al mínimo. Prolonga la cocción 2-3 horas o hasta que la carne esté tierna y la salsa se haya esperado y brille. Si se espesa demasiado pronto o si se empieza a quemar, añade más agua (en tandas de 60 ml [2 fl oz]).

Pon los huevos en una olla de agua hirviendo y cuécelos 5 ½ min. Sácalos del agua y enfríalos bajo abundante agua fría antes de pelarlos.

Añade los huevos al guiso de carne 5 min antes de servir y remueve para que se unten en la salsa.

Sirve con el arroz al vapor.

Tempura de verduras con arroz

V · RACIONES 2 · **PREPARACIÓN** 15 MIN · **COCCIÓN** 10 MIN

100 g (3½ oz) de harina leudante
100 g (3½ oz) de harina de maíz
½ cdta. de azúcar moreno claro
½ cdta. de sal marina fina
300 ml (10½ fl oz) de agua con gas muy fría
1 l (35 fl oz) de aceite de sabor neutro
100 g (3½ oz) de boniato, en rodajas de 5 mm (¼ in)
4 brócolis de tallo largo
1 calabacín pequeño, en rodajas
6-8 setas de ostra
2 hojas de *shiso* (véase p. 90)
300 g (10½ oz) de arroz al vapor (p. 157)

Para la salsa *tentsuyu*
3 cdas. de caldo *dashi* (a base de polvo)
1 cda. de salsa de soja clara
2 cdtas. de *mirin*
½ cdta. de azúcar moreno claro
1 trozo de rábano *daikon* de 2,5 cm (1 in), rallado

También conocida como *ten don*, por las abreviaturas de tempura y *donburi* (que significa «plato de arroz»), se trata de una receta japonesa muy versátil e ideal para su adaptación a las verduras de temporada. A continuación, encontrarás algunas de mis preferidas.

Para conseguir una tempura muy crujiente y firme, es crucial mantener la temperatura muy muy fría, para que evitar que el gluten se desarrolle y lograr así un acabado ensordecedoramente crujiente.

Combina los ingredientes de la salsa *tentsuyu* y reserva.

Tamiza la harina leudante y la harina de maíz sobre un cuenco grande colocado sobre una bolsa de cubitos de hielo o de guisantes congelados, para que la mezcla se mantenga fría. Añade el azúcar y la sal. Agrega agua con gas poco a poco y remueve con palillos chinos o con un tenedor para mezclar un poco, pero trabaja la mezcla lo menos posible para evitar un acabado reblandecido. La masa terminada aún debería tener algún grumo de harina seca, sin mezclar.

Calienta el aceite en una sartén grande o en un wok y llévalo a 180 °C (350 °F). Si viertes una gotita de masa en el aceite, debería chisporrotear con suavidad y cocerse sin dorarse. Si se tuesta rápidamente o crepita con energía, es señal de que el aceite está demasiado caliente.

Reboza la verdura en la masa (mantén siempre el cuenco sobre la bolsa de cubitos de hielo o de guisantes congelados para que conserve el frío) y luego métela en la sartén con el aceite caliente. Hazlo por tandas, para que la sartén no se llene demasiado (la temperatura del aceite bajaría y la tempura quedaría blanda). Gira la verdura una o dos veces, para asegurarte de que esté hecha del todo. El boniato tardará unos 4 min y el resto, solo 2. Las hojas de *shiso* estarán hechas en unos 30 segundos. La masa debería coger muy poco color y debería seguir siendo pálida una vez frita.

Sirve la verdura sobre arroz al vapor y acompañada con la salsa *tentsuyu*.

Tres platos de huevos con arroz

Huevos picantes adobados adictivos

V · SALEN 6 HUEVOS (PARA 3 RACIONES) · **PREPARACIÓN** 10 MIN + 1 NOCHE EN ADOBO
COCCIÓN 6 ½ MIN · **CONSERVACIÓN** HASTA 5 DÍAS EN EL FRIGORÍFICO (¡SI NO TE LOS HAS COMIDO ANTES!)

6 huevos medianos a temperatura ambiente
100 ml (3½ fl oz) de salsa de soja clara
6 cdas. de azúcar moreno claro
100 ml (3½ fl oz) de agua caliente
4 dientes de ajo, rallados
4 cebolletas, en rodajas finas
1 chile verde grande, picado fino
1 chile rojo ojo de pájaro (picante) o 1 chile rojo (menos picante), picado fino
1 cda. de semillas de sésamo tostadas
2 cdtas. de aceite de sésamo
450 g (1 lb) de arroz al vapor (p. 157)
1 cda. de cebolla escalonia crujiente envasada

Este plato coreano se convirtió en una sensación viral y también se lo conoce como *mayak gyeran*, **que significa «huevos adictivos».**

Lleva a ebullición rápida un cazo grande con agua. Deposita con cuidado los huevos en el cazo y cuécelos 6½ min. Sácalos del agua y enfríalos bajo abundante agua fría 3-4 min o mételos en agua helada. Cuando se hayan enfriado del todo, pélalos.

Combina la salsa de soja clara con el azúcar moreno claro y añade el agua caliente. Remueve hasta que el azúcar se haya disuelto del todo. Agrega el ajo, la cebolleta, el chile verde, el chile rojo, las semillas de sésamo y el aceite de sésamo. Añade los huevos pelados y cubre con papel vegetal, para que los huevos queden completamente sumergidos. Déjalos en adobo al menos 4 horas o, incluso mejor, durante toda la noche.

Sírvelos sobre un lecho de arroz al vapor, junto a 2 cdas. del adobo y los trocitos de ajo, cebolleta, chile y semillas de sésamo que puedan caer. Esparce la cebolla escalonia crujiente por encima.

Yema, arroz, nori

V · RACIONES 2 · **PREPARACIÓN** 10 MIN

1 cda. de cebolla escalonia crujiente envasada
1 cda. de *furikake* (p. 14)
1 lámina de alga nori tostada
2 cdtas. de semillas de sésamo
1 cdta. de salsa de soja clara
½ cdta. de aceite de sésamo
1 cdta. de *mirin*
300 g (10½ oz) de arroz al vapor (p. 157)
2 yemas de huevo

Es un plato japonés clásico y sencillo, conocido como *tamago gohan*. **Significa «huevos y arroz» y encarna la sencillez japonesa. El arroz caliente cocerá ligeramente la yema del huevo y la volverá pálida y espesa.**

Deposita la cebolla escalonia crujiente, el *furikake*, el alga nori y las semillas de sésamo en un robot de cocina pequeño, en un molinillo de especias o en un mortero, y tritura o muele hasta que obtengas un polvo grueso.

Añade la salsa de soja clara, el aceite de sésamo y el *mirin*. Combina bien y reserva.

Reparte el arroz al vapor en dos boles y marca una pequeña depresión en el centro de cada uno. Casca un huevo en cada depresión. Riega con el aliño por encima con ayuda de una cuchara y espolvorea con el alga nori triturada y el *furikake* en polvo.

Mézclalo todo con los palillos y disfruta.

Huevos fritos con cebolleta

V · RACIONES 2 · **PREPARACIÓN** 5 MIN · **COCCIÓN** 10 ½ MIN

2 ½ cdas. de aceite de sabor neutro
4 cebolletas, en juliana
1 cdta. vino de arroz de *Shaoxing*
2 cdas. de salsa de soja clara
2 cdtas. de azúcar moreno claro
2 huevos
300 g (10½ oz) de arroz al vapor (p. 157)
1 cda. de *furikake* (p. 14)

Los huevos fritos con la yema líquida y los bordes deliciosamente crujientes son mis preferidos. El truco reside en freírlos en un wok de acero al carbono tradicional con fondo redondo.

Calienta ½ cdta. de aceite en el wok a fuego medio y sofríe rápidamente la cebolleta 1 min. Añade el vino de arroz de *Shaoxing*, la salsa de soja y el azúcar, y sofríe hasta que la cebolleta se ablande y la salsa se haya caramelizado un poco. Pasa la salsa a un bol y resérvala. Limpia el wok con papel de cocina, pon las 2 cdas. de aceite que quedan y calienta a fuego alto. Cuando el aceite humee, casca un huevo y añádelo. Déjalo freír hasta que los márgenes queden crujientes y dorados, y la clara cuaje, pero la yema no. Retira del wok y cocina el segundo huevo.

Sirve los huevos sobre un lecho de arroz al vapor y con la salsa de cebolleta. Échales el *furikake* por encima.

Arroz al vapor

VG · RACIONES 4-5 · **PREPARACIÓN** 5 MIN · **COCCIÓN** 15–25 MIN

390 g (13¾ oz) de arroz jazmín

Aunque siempre uso la arrocera para preparar el arroz (nunca consigo hacerlo igual de bien en la olla), encontrarás ambos métodos a continuación. Las cantidades son para 4-5 raciones. Si has de servir a más o a menos comensales, ajusta las cantidades de agua y de arroz.

Enjuaga el arroz al menos tres veces para eliminar el exceso de almidón y escúrrelo.

EN UNA ARROCERA
Deposita el arroz enjuagado y 470 ml (16½ fl oz) de agua en la arrocera y no remuevas. Programa la arrocera en «Alta» o «Cocinar» 10-20 min o hasta que la máquina te diga que ya está listo. Deja la tapa 5 min más. Esponja el arroz con un tenedor y sirve.

EN UNA OLLA
Deposita el arroz enjuagado y 590 ml (20½ fl oz) de agua en una olla y lleva a ebullición. Baja a fuego bajo, tapa la olla y cuece 15 min o hasta que el agua se haya evaporado. Apaga el fuego y deja la tapa 10 min más. ¡No mires! Esponja el arroz con un tenedor y sirve.

postres

Crep con helado de naranja y pimienta de Sichuan

V · RACIONES 4-6 · **PREPARACIÓN** 50 MIN + CONGELACIÓN · **COCCIÓN** 40 MIN

Para el helado
560 ml (19¼ fl oz) de nata líquida
450 ml (15¾ fl oz) de leche entera
10 yemas de huevo grandes
225 g (8 oz) de azúcar extrafino dorado
3 cdas. de granos de pimienta de Sichuan
La ralladura y el zumo de 2 naranjas

Para los cacahuetes con sal en polvo
200 g (7 oz) de cacahuetes sin piel
200 g (7 oz) de azúcar extrafino dorado
4 cdas. de agua
15 g (½ oz) de mantequilla sin sal
1 cdta. de sal marina fina

Para los creps
125 g (4½ oz) de harina rica en proteína (11 %)
¼ de cdta. de sal marina fina
80 ml (2½ fl oz) de agua hirviendo
135 ml (4½ fl oz) de agua fría
1 cda. de aceite de sabor neutro

Para servir
1 puñadito de cilantro, deshojado

Este postre se inspira en uno que probé por primera vez en el mercado nocturno de Raohe, en Taipéi. Tres bolas de helado de *taro* servidas en un crep increíblemente fino (*popiah*) y cubierto de virutas de guirlache de cacahuete, desprendidas de un bloque enorme con ayuda de un cepillo de carpintero. Es el equilibrio perfecto de blando, frío, crujiente, elástico y aromático. ¿Sabes cuál es el ingrediente secreto? ¡El cilantro! Preparar los *popiah* requiere una habilidad inmensa, mucha experiencia y un poco de magia. Así que he variado un par de cosas para facilitar la elaboración en casa y, en consecuencia, el plato final es distinto al que lo inspiró. Sin embargo, basta para satisfacer mis antojos hasta que pueda volver a probar el original.

Comencemos por el helado. Vierte la nata líquida y la leche en un cazo grande y caliéntalas hasta que estén justo por debajo del punto de ebullición. Baja el fuego y hierve a fuego lento 2-3 min. Bate las yemas de huevo y el azúcar hasta que las primeras palidezcan y se espesen. Yo lo hago con una batidora de mano, pero puedes usar una de varillas. Añade poco a poco la mezcla caliente de leche y nata líquida, con el accesorio de batir programado a velocidad media-alta, y bate hasta que todo esté bien mezclado. Limpia el cazo y vuelve a verter la mezcla dentro.

Calienta a fuego medio-bajo y cuece sin dejar de remover 10-15 min o hasta que la mezcla se empiece a espesar. Asegúrate de hacerlo a fuego bajo, para evitar que el huevo cuaje. Una vez se haya espesado, retira el cazo del fuego y vierte la crema en un cuenco limpio.

Tuesta los granos de pimienta de Sichuan en una sartén seca y muélelos en un mortero o en un molinillo de especias. Tamiza la pimienta molida sobre la crema. Remueve para que se integre bien y añade la ralladura y el zumo de las dos naranjas. Espera a que la crema se enfríe del todo antes de pasarla a la heladera y sigue las instrucciones del fabricante. Una vez haya cuajado, pasa el helado a un recipiente y guárdalo en el congelador.

Forra una bandeja de horno con papel vegetal y tuesta los cacahuetes en seco en una sartén a fuego medio hasta que estén dorados. Pásalos a la bandeja de horno y deja que se enfríen. Calienta el agua y el azúcar en un cazo a fuego medio-alto. Cuando el azúcar se funda y se caramelice, haz girar el cazo en lugar de remover el contenido, para garantizar que se dore de manera uniforme. Retira el cazo del fuego cuando la mezcla adquiera un tono dorado (no más oscuro, ya se oscurecerá cuando se enfríe), aproximadamente al cabo de entre 10-15 min. Añade la mantequilla y la sal marina y remueve para que los ingredientes se combinen. Vierte la mezcla sobre los cacahuetes ya fríos e inclina la bandeja de horno forrada para que la mezcla se distribuya de manera uniforme. Mete la bandeja en el frigorífico y deja que el guirlache se solidifique mientras haces los creps.

Mezcla la harina, la sal y el agua hirviendo en un robot de cocina o en un bol grande, con una batidora de varillas. Añade el agua fría y sigue batiendo hasta que obtengas una masa sedosa. Con ayuda de un papel de cocina, unta con un poco de aceite el fondo de una sartén antiadherente y caliéntalo a fuego medio. Con un pincel de repostería, pinta el fondo de la sartén con una fina capa de masa, para hacer un crep de unos 15-20 cm (6-8 in) de diámetro. La masa debería empezar a cocerse y a secarse inmediatamente. Cuando la parte superior se empiece a secar, dale la vuelta al crep. Transfiere el crep a un plato y cúbrelo con un paño de cocina limpio. Repite el proceso con el resto de la masa y separa los creps con trozos de papel vegetal, para evitar que se peguen.

Saca el guirlache del frigorífico y dispón otra hoja de papel vegetal encima. Golpéalo con un rodillo para romperlo en trozos y pásalos a un robot de cocina. Tritura hasta obtener un polvo grueso. Pásalo a un tarro hermético.

Dispón un crep sobre un plato y pon dos o tres bolas de helado encima. Espolvoréalas con generosidad con el guirlache de cacahuete en polvo y añade 5-6 hojas de cilantro. Cierra el crep y sirve inmediatamente.

Bao buns fritos con helado de té con leche y caramelo

V · RACIONES 8 (SOBRARÁ HELADO) · **PREPARACIÓN** 45 MIN + CONGELACIÓN + FERMENTACIÓN · **COCCIÓN** 45 MIN

Para el helado
560 ml (19¼ oz) de nata líquida
450 ml (15¾ fl oz) de leche entera
4 bolsitas de té negro (el Earl Grey va muy bien)
10 yemas de huevo grandes
225 g (8 oz) de azúcar moreno claro

Para el caramelo
60 g (2¼ oz) azúcar extrafino
¼ de cdtas. de sal marina fina
35 g (1¼ oz) de agua
3 cdas. de nata líquida

Para los *bao buns*
250 ml (9 fl oz) de leche de avena (o leche entera + 1 cda. de aceite de sabor neutro)
7 g (¼ oz) de levadura seca
200 g (7 oz) de harina de trigo, y un poco más para espolvorear
160 g d (5¾ oz) de harina pobre en proteína (8 %) o de harina de repostería
50 g (1¾ oz) de azúcar extrafino dorado
2 cdas. de polvo para natillas
½ cdtas. de sal marina fina
1 l (35 fl oz) de aceite de sabor neutro
3 cdas. de azúcar extrafino dorado

El té de burbujas, o *boba tea*, es una bebida dulce de té helado con perlas de tapioca aromatizadas y se ha convertido en una sensación global. Me encanta la complejidad de sabor que ofrece, sobre todo en forma de helado y no digamos ya cuando está entre dos *bao buns* fritos, que se asemejan a berlinas.

Por supuesto, la receta funciona igual de bien con helado comprado si no tienes heladera o si no te apetece hacer helado.

Comencemos por el helado. Vierte la nata líquida y la leche en un cazo grande y caliéntalas hasta que estén justo por debajo del punto de ebullición. Baja el fuego y hierve a fuego lento 2-3 min. Infusiona las bolsitas de té en 200 ml (7 fl oz) de agua hirviendo 4 min y cuélalas. Añade el té caliente a la leche y la nata líquida.

Bate las yemas de huevo y el azúcar hasta que las primeras palidezcan y se espesen. Yo lo hago con una batidora de mano, pero puedes usar una de varillas. Añade poco a poco la mezcla caliente de leche y nata líquida, con el accesorio de batir programado a velocidad media-alta, y bate hasta que todo esté bien mezclado. Limpia el cazo y vuelve a verter la mezcla dentro.

Calienta a fuego medio-bajo y cuece sin dejar de remover 10-15 min o hasta que la mezcla se empiece a espesar. Asegúrate de hacerlo a fuego bajo, para evitar que el huevo cuaje. Una vez se haya espesado, retira el cazo del fuego y vierte la crema en un cuenco limpio. Espera a que se enfríe del todo antes de pasarla a la heladera y sigue las instrucciones del fabricante. Una vez haya cuajado, pasa el helado a un recipiente y guárdalo en el congelador.

Para el caramelo, añade el azúcar, la sal y el agua a un cazo a fuego medio-alto. El azúcar se empezará a fundir y se caramelizará. Haz girar el cazo, en lugar de remover, para garantizar que se caramelice de manera uniforme. Una vez el caramelo haya adquirido un color ambarino oscuro, retíralo del fuego y añade la nata líquida poco a poco, sin dejar de remover. Espera a que el caramelo se haya enfriado un poco antes de pasarlo a una jarra. Cuando alcance la temperatura ambiente, vierte la mitad en el helado de té y remueve con una brocheta o un cuchillo de metal. Vuelve a meter el helado en el congelador hasta que lo necesites.

Para los *bao buns*, calienta la leche de avena a fuego bajo en un cazo 2 min o hasta que al tocarla la notes caliente, y retírala del fuego. Si tienes termómetro, asegúrate de que no supere los 50 °C (122 °F). Si está más caliente, podría desactivar la levadura. Si usas leche entera, incorpora el aceite ahora. Luego, añade la levadura seca, remueve para que se integre bien y deja reposar 5-10 min.

Tamiza las dos harinas sobre un cuenco grande o en una batidora con accesorio de gancho, agrega el azúcar, el polvo para natillas y la sal. Añade la leche y remueve para integrarlo todo. Vuelca la masa en una superficie de trabajo ligeramente enharinada y trabájala 5 min o hasta que adquiera una textura homogénea y lisa. Devuelve la masa a un cuenco limpio y tápala con papel film o con un paño de cocina limpio humedecido. Deja el cuenco en un sitio cálido para que fermente 1-2 horas o hasta que haya duplicado su tamaño.

Vuelve a volcar la masa sobre una superficie de trabajo ligeramente enharinada y trabájala para expulsar todo el aire. Estírala y dale forma de salchicha. Córtala en ocho o nueve trozos de 70-75 g (2½ oz) cada uno. Haz una bolita con cada trozo. Cuanto más lisas queden las bolas ahora, más pulidas y lisas serán cuando suban. Si se rompen o si se les forman grietas en la superficie, déjalas reposar 2 min y vuelve a intentarlo. Deposita las bolas sobre una bandeja de horno forrada con papel vegetal. Tápalas con un paño de cocina limpio y déjalas en un lugar templado para que sigan fermentando 30-50 min más o hasta que hayan duplicado su tamaño.

Calienta el aceite en un wok o en una sartén. El aceite ha de tener unos 5 cm (2 in) de altura, para que las bolas floten y no descansen sobre el fondo de la sartén. Lleva el aceite a 180 °C (350 °F) y baja el fuego. Si no tienes termómetro, introduce la punta de un palillo o de una cuchara de madera en el aceite. Si aparecen burbujitas, el aceite está preparado.

Fríe las bolas por tandas. Mételas en el aceite con mucho cuidado (te irá muy bien usar una rasera), para que no pierdan aire. Apenas deberían burbujear. No dejes que el aceite se caliente demasiado y fríelas suavemente 2 min o hasta que adquieran un tono dorado y la masa esté hecha del todo. Pasa los *bao buns* a una bandeja forrada con papel de cocina para que se escurran. Espolvoréalos con el azúcar extrafino dorado mientras aún están calientes. Deja que se enfríen.

Calienta el caramelo restante en el microondas o al baño maría.

Para montar el plato, corta los *bao buns* por la mitad y rellena cada uno con una bola de helado de té con leche y caramelo. Riégalos con un chorrito de caramelo líquido caliente.

Tarta Fraisier de mango y coco

RACIONES 8-10 · **PREPARACIÓN** 90 MIN + REFRIGERACIÓN · **COCCIÓN** 30 MIN

Para el bizcocho genovés
50 g (1¾ oz) de mantequilla sin sal, fundida, y 1 cda. adicional para engrasar
4 huevos medianos
2 yemas de huevo
125 g (4½ oz) de azúcar extrafino
La ralladura de 2 limones
125 g (4½ oz) de harina leudante

Para la crema muselina
200 g (7 oz) de coco deshidratado
1 vaina de vainilla, cortada por la mitad
600 ml (21 fl oz) de leche entera
4 huevos medianos
2 yemas de huevo
180 g (6¼ oz) de azúcar extrafino
100 g (3½ oz) de harina de maíz
150 g (5½ oz) de mantequilla sin sal, fundida

Para la gelatina de mango
350 ml (12 fl oz) de zumo de mango (el de la marca Rubicon va bien)
3 cdas. de azúcar extrafino
1 cdta. de zumo de limón
1 cda. de ron oscuro
1 cda. de agua
2 ½ cdtas. de gelatina en polvo

Para decorar
2 mangos maduros, pelados y cortados en cuñas iguales
150 g (5½ oz) de frambuesas
50 g (1¾ oz) de physalis (opcional)
Violetas comestibles (opcionales)

Esta tarta de estilo francés se inspira en una receta de la reina de las tartas, Mary Berry. La original está elaborada con fresas, limón y un relleno de crema pastelera y, la primera vez que la adapté, fue para elaborar un postre más adecuado para la cena que le iba a servir a la propia Mary durante un concurso de cocina. Sí, fui muy atrevida, pero a Mary le encantó y espero que a ti también.

Precalienta el horno a 180-160 °C con ventilador (350 °F/Gas 4) y engrasa un molde para tartas desmontable de 26 cm (10½ in) de diámetro con 1 cda. de mantequilla.

Calienta un cazo con agua hasta que rompa a hervir y dispón sobre él un cuenco resistente al calor (asegúrate de que la base del cuenco no toque el agua).

Para el bizcocho, añade los huevos, las yemas, el azúcar y la ralladura de limón al cuenco y bate hasta que la masa palidezca, se espese y duplique su volumen. Cuando levantes las varillas de la masa, la que vuelve a caer debería dejar un rastro de hilillos sobre la superficie. Saca el cazo del fuego y coloca el cuenco sobre una superficie de trabajo. Tamiza la mitad de la harina leudante sobre el cuenco e intégrala en la masa con una cuchara metálica grande. Tamiza el resto de la harina y repite el proceso, asegurándote de que toda la harina quede bien integrada. Trata la masa con suavidad, para retener tanto aire como sea posible. Añade e integra la mantequilla fundida.

Vierte la masa en el molde para tartas y hornea 20-25 min o hasta que los bordes se encojan y se separen ligeramente del molde y la parte superior adquiera un tono entre dorado y tostado. Espera a que el bizcocho se enfríe y pásalo a una rejilla. Limpia el molde. Lo necesitarás luego para hacer las capas de la tarta.

Tuesta el coco deshidratado en seco en una sartén a fuego medio 5-10 min, sin dejar de remover para evitar que se queme. Una vez esté ligeramente dorado, retíralo del fuego. Saca 2 cdas. y reserva para luego.

Vuelca el resto del coco tostado en una muselina, añade las dos mitades de la vaina de vainilla y ata la tela para formar una bolsita de infusión. Vierte la leche en un cazo, agrega la bolsita de muselina y calienta a fuego medio. Calienta la leche hasta que empiece a despedir vapor, pero no dejes que hierva. Sácala del fuego y déjala infusionar 20 min.

Mientras, bate los huevos, las yemas, el azúcar y la harina de maíz en un cuenco grande.

Retira la muselina de la leche y vierte la leche infusionada sobre los huevos batidos, sin dejar de batir. Limpia el cazo y devuelve la mezcla de leche y huevo al cazo limpio y seco. Calienta a fuego medio y remueve constante y furiosamente 8-10 min, prestando especial atención al fondo del cazo. La masa se empezará a espesar, pero remueve sin pausa para evitar que los huevos cuajen y la formación de grumos. Una vez haya espesado, retírala del fuego y añade la mantequilla. Transfiere la crema muselina a una manga pastelera en equilibrio sobre una taza o un tarro. Métela en el frigorífico para que cuaje.

Calienta el zumo de mango a fuego bajo en un cazo pequeño. Añade ahora el azúcar, el zumo de limón y el ron y remueve hasta que el azúcar se haya disuelto. Retira del fuego. Mezcla el agua y la gelatina hasta que esta se disuelva y agrégalas al zumo de mango. Remueve bien para combinar todos los ingredientes y transfiérelos a un tarro. Mételo en el frigorífico 5-10 min.

Desmonta la base del molde para tartas que has limpiado y deposita el aro sobre una fuente para servir. Dispón un trozo de acetato para hornear de 10 × 30 cm (4 × 12 in) en el interior del molde, para levantar una pared de acetato alrededor del borde interior.

Corta horizontalmente el bizcocho por la mitad, para obtener dos discos de 3 cm de grosor. Coloca el primero en el interior del molde, con la cara más plana hacia abajo. Forra el borde del bizcocho con un trozo de mango, una frambuesa, mango, frambuesa… hasta que completes todo el perímetro y asegúrate de que la fruta quede tan cerca del acetato como sea posible, pero sin salirse del bizcocho. Coloca algunas frambuesas y un poco de mango en el centro del bizcocho.

Saca la manga pastelera con la crema muselina y corta la punta de modo que obtengas un agujero de 1 cm (½ in). Aplica la crema muselina en el centro de la fruta y luego en todos los espacios que encuentres. Si quieres, puedes alisarla con una espátula.

Coloca la otra mitad del bizcocho encima, con la parte más lisa hacia arriba. Dispón con cuidado 12 cuñas de mango en formación de reloj sobre la tarta. Vierte la gelatina de mango por encima. Mete la tarta en el frigorífico un mínimo de 2 horas o hasta que la gelatina haya cuajado.

Espolvorea las 2 cdas. de coco tostado que has reservado y decora con más frambuesas, physalis y violetas, si has decidido usarlas.

Retira con mucho cuidado el molde y el acetato para descubrir tu obra maestra.

Baked Alaska con sorbete de caqui

V · RACIONES 4 · **PREPARACIÓN** 30 MIN + CONGELACIÓN · **COCCIÓN** 45 MIN

Para el sorbete
400 g (14 oz) de pulpa de caquis maduros, sin la piel (de unos 600 g/1 lb 5 oz o 4 caquis enteros)
4 cdas. de azúcar extrafino
2 cdas. de glucosa líquida
2 cdas. de zumo de limón
4 cdas. de jugo de espino amarillo (opcional)

Para el bizcocho genovés
4 huevos medianos
2 yemas de huevo
125 g (4½ oz) de azúcar extrafino
La ralladura de 2 limones
125 g (4½ oz) de harina leudante
50 g (1¾ oz) de mantequilla sin sal, fundida, y un poco más para engrasar

Para el merengue
8 claras de huevo grandes
250 g (9 oz) de azúcar extrafino

Me encanta el sorbete de caqui y espino amarillo, porque la acidez de este último encaja a la perfección con el dulzor del primero. Sin embargo, encontrar espino amarillo puede ser complicado, por lo que, si no lo encuentras, no lo uses. También puedes usar un bizcocho ya comprado.

Precalienta el horno a 180-160 °C con ventilador (350 °F/Gas 4).

Tritura la pulpa de caqui en un robot de cocina. Pásala a un cazo y añade el azúcar, la glucosa, el zumo de limón y el jugo de espino amarillo. Caliéntala poco a poco hasta que el azúcar se disuelva, retírala del fuego y deja que se enfríe antes de pasarla a una heladera y seguir las instrucciones del fabricante o de meterla directamente en un recipiente y en el congelador 6 horas.

Calienta un cazo con agua hasta que rompa a hervir y dispón sobre él un cuenco resistente al calor (asegúrate de que la base no toque el agua).

Para el bizcocho, añade los huevos, las yemas, el azúcar y la ralladura de limón al cuenco y bate hasta que la masa palidezca, se espese y duplique su volumen. Cuando levantes las varillas de la masa, la que vuelve a caer debería dejar un rastro de hilillos sobre la superficie. Saca el cazo del fuego y coloca el cuenco sobre una superficie de trabajo. Tamiza la mitad de la harina leudante sobre el cuenco e intégrala en la masa con una cuchara metálica grande. Tamiza el resto de la harina y repite el proceso, asegurándote de que toda la harina quede bien integrada. Trata la masa con suavidad, para retener tanto aire como sea posible. Añade e integra la mantequilla fundida.

Vierte la masa en un molde de 18-24 cm (7-9 ½ in) de diámetro forrado con papel vegetal y hornea 20-25 min o hasta que los bordes se encojan y se separen del molde y la parte superior adquiera un tono dorado. Deja enfriar el bizcocho y pásalo a una rejilla. Corta el bizcocho horizontalmente por la mitad, de modo que obtengas dos discos de 2 cm (¾ in) de grosor. Corta cuatro discos individuales con un cortapastas de 9 cm (3½ in) de diámetro.

Haz el merengue cuando el sorbete ya haya cuajado. Pasa las claras de huevo y el azúcar a un cuenco limpio o a un robot de cocina y bate 5 min o hasta que se monten a punto de nieve. También puedes usar una batidora eléctrica.

Calienta el horno a la máxima temperatura. Marca con el dorso de una cuchara una pequeña depresión en el centro de cada uno de los discos de bizcocho y deposítalos sobre una bandeja de horno forrada con papel vegetal. Pon una bola de sorbete en el centro de cada disco. Trabaja con rapidez y, con una manga pastelera o con una cuchara, dispón merengue sobre el sorbete de modo que quede oculto. Mete la bandeja en el horno a media altura 2 min o hasta que el merengue se dore. Sirve inmediatamente. También puedes tostar el merengue con un soplete de cocina.

Postres

Fondant de chocolate al miso

V · **RACIONES** 4 · **PREPARACIÓN** 15 MIN · **COCCIÓN** 12 MIN

3 cdas. de semillas de sésamo tostadas
50 g (1¾ oz) de mantequilla sin sal,
  y un poco más para engrasar
1½ cda. de *miso* blanco
50 g (1¾ oz) de chocolate negro
  (> 70 % cacao)
1 huevo grande
1 yema de huevo grande
60 g (2¼ oz) de azúcar extrafino dorado
50 g (1¾ oz) de harina de trigo
150 g (5½ oz) de frambuesas

Incluir *miso* en un postre es una manera ingeniosa e interesante de añadirle sal y profundidad, como sucede con el caramelo salado. Y, por supuesto, encaja a la perfección con el chocolate.

Precalienta el horno a 180-160 °C con ventilador (350 °F/Gas 4).

Mete las semillas de sésamo en un robot de cocina o en el mortero y tritúralas o muélelas hasta que obtengas un polvo grueso. Engrasa con mantequilla cuatro moldes de cerámica de 7 cm (2¾ in) de diámetro y espolvorea el interior con las semillas de sésamo molidas, de modo que el fondo y los bordes queden completamente cubiertos.

Dispón la mantequilla, el *miso* y el chocolate en un cuenco resistente al calor y colócalo sobre un cazo de agua hirviendo a fuego lento. Asegúrate de que el fondo del cuenco no toque el agua. Funde y mezcla hasta que obtengas una textura lisa y homogénea. Reserva y deja que se enfríe.

Bate el huevo, la yema y el azúcar en otro cuenco hasta que la mezcla sea espesa, pálida y esponjosa. Añade la masa de *miso* y chocolate e intégralo todo con ayuda de una cuchara metálica grande. Tamiza la harina sobre la masa y remueve para integrarla bien.

Reparte la masa en los cuatro moldes y mételos en el horno a media altura 12 min. Sácalos y deja que se enfríen 2 min. A medida que se enfríen, se deberían ir separando de los bordes de los moldes.

Invierte con cuidado los moldes, para desmoldar los fondants, y sírvelos con tu helado preferido o con nata líquida y un puñado de frambuesas.

Buñuelos de crema al vapor

V · SALEN 10 BUÑUELOS · **PREPARACIÓN** 45 MIN + FERMENTACIÓN + ENFRIADO
COCCIÓN 30 MIN

Para el relleno
2 yemas de huevo grandes
4 cdas. de azúcar extrafino dorado
100 ml (3½ fl oz) de leche de avena (o leche entera + ½ cda. de aceite de sabor neutro)
2 cdas. de mantequilla
8 cdas. de almidón de trigo
4 cdas. de polvo para natillas
3 cdas. de harina pobre en proteínas (8 %) o de harina de repostería

Para los buñuelos
250 ml de leche de avena (o de leche entera + 1 cda. de aceite de sabor neutro)
7 g (¼ oz) de levadura seca
200 g (7 oz) de harina de trigo, y un poco más para espolvorear
160 g (5¾ oz) de harina pobre en proteína o para repostería
50 g (1¾ oz) de azúcar extrafino dorado
½ cdta. de sal marina fina
Colorante alimentario (opcional)

Estos buñuelos son *nai won bao*, unos *dim sum* dulces cantoneses muy populares. Se los empecé a hacer a mi hija y experimenté con distintas formas. Algunas son de animales y supuestamente representan conejos, aunque mi hija afirma que se parecen más a nuestra gata Marjorie.

Para el relleno, coloca un cuenco resistente al calor sobre un cazo de agua hirviendo a fuego muy lento. Asegúrate de que el fondo del cuenco no toque el agua. Añade las yemas de huevo, el azúcar, la leche de avena (o la leche entera y el aceite, si lo prefieres) y bate hasta que la masa palidezca y el azúcar se haya disuelto. Agrega la mantequilla, deja que se funda y remueve para que se integre bien. Añade el almidón de trigo, el polvo para natillas y la harina y remueve para integrarlo todo. Sigue removiendo 6-8 min o hasta que le mezcla haya espesado y adquirido la consistencia de unas natillas espesas. Tapa el cuenco con papel film y métalo en el frigorífico (o el congelador) para que se solidifique.

Para los buñuelos, calienta la leche de avena a fuego bajo en un cazo 2 min o hasta que al tocarla la notes caliente, y retírala del fuego. Si tienes termómetro, asegúrate de que no supere los 50 °C (122 °F). Si está más caliente, podría desactivar la levadura. Añade la levadura seca, remueve para que se integre bien y deja reposar 5-10 min.

Tamiza las dos harinas sobre un cuenco grande o en una batidora con accesorio de gancho, añade el azúcar y la sal. Añade la leche y remueve para integrarlo todo. Vuelca la masa en una superficie de trabajo ligeramente enharinada y trabájala 5 min o hasta que adquiera una textura homogénea y lisa. Devuelve la masa a un cuenco limpio y tápala con papel film o con un paño de cocina limpio humedecido. Deja el cuenco en un sitio templado para que fermente 1-2 horas o hasta que haya duplicado su tamaño.

Saca el relleno del frigorífico o del congelador. Debería haber cuajado por completo y estar sólido.

Vuelca la masa sobre una superficie de trabajo enharinada y amásala para extraer todo el aire. Estírala, dale forma de salchicha y córtala en diez trozos de 60 g (2 oz). Da forma de bola a los trozos y luego estíralas para formar discos ovalados de 15 × 10 cm (6 × 4 in). Deposita una cucharadita de relleno en el centro de cada óvalo y ciérralo pinzando los bordes para ocultar el relleno. Vuelve a darle forma ovalada y, con los dedos, da forma puntiaguda a ambos extremos del óvalo. Recorta dos orejitas en un extremo con unas tijeras y con cuidado para no cortar demasiado profundamente en la masa. Pon los buñuelos, con la cara pinzada hacia abajo, sobre una bandeja de horno forrada con papel vegetal. Tápalos con un paño de cocina limpio y déjalos en un lugar templado para que fermenten 30-45 min o hasta que se hinchen y adquieran una superficie seca y lisa.

Deposita los buñuelos en una vaporera, sobre cuadraditos de papel vegetal. Aumentarán de tamaño considerablemente, así que asegúrate de que haya unos 2 cm (¾ in) entre cada buñuelo. Quizás tengas que hacerlo por tandas.

Lleva un cazo con agua a ebullición a fuego bajo (si el agua está demasiado caliente, los buñuelos se abrirán). Coloca la vaporera sobre el cazo y cuece los buñuelos 12 min. Retira la vaporera del fuego y mantenla tapada 4 min más. Espera a que los buñuelos se enfríen del todo antes de marcar los ojos con la punta de una brocheta mojada en colorante alimentario.

Índice alfabético

a
aceite: aceite de pimienta de Sichuan 17
 aceite de sabor neutro 16
aceite picante: dumplings de ternera y jengibre en aceite picante 136
 noodles gun gun 96
ajo, crujiente frito 14
arroz: arroz al vapor 157
 arroz con pollo 142-145
 arroz con pollo y *miso* a la cazuela 151
 gyudon con huevo *onsen* japonés 148
 huevos fritos con cebolleta 157
 huevos picantes adobados adictivos 156
 lu rou fan 152
 oyakodon 140
 tempura de verduras con arroz 154
 torikatsudon 146
 yema, arroz, nori 156

b
ba mee, noodles 24-27
baked Alaska con sorbete de caqui 168
bao buns 162-164
beicon: udon con kimchi y beicon 87
berenjena: *biang biang* con berenjena y *doubanjiang* 84
biang biang, noodles 44-47
biang biang con asadura de pato 57
bolas de gamba: ramen rápido con marisco picante 93
boniato: mi ramen vegano definitivo 82-83
 tempura de verduras con arroz 154
brócoli: noodles de borracho con brócoli asado 62
 tempura de verduras con arroz 154
buns 162-164, 172-173
buñuelos de crema al vapor 172-173

c
cacahuetes: guirlache de cacahuete 160-161
calabacín: dumplings de calabacín y hongos chinos 126-127
 tempura de verduras con arroz 154
calabaza: dumplings de cristal de langostinos y calabaza 130-131
calamar: *hot pot* 102-105
 ramen rápido con marisco picante 93
caldo 13, 16, 17, 21
 colar el caldo 13
cangrejo: *tsukemen* con pollo y cangrejo picantes 66

caramelo: guirlache de cacahuete 160-161
 helado de té con leche y caramelo 162-164
cazuelas de barro 76-77, 90, 151
cebolla: caldo de cebollas asadas 19
cerdo: dumplings de cerdo y hongos chinos negros 133
 dumplings de langostino y cerdo con puntilla 124-125
 dumplings de *mapo* tofu 134
 lu rou fan 152
 tsukemen tonkotsu 69-70
chiles: chile asado en polvo 16, 18
 dumplings *dan dan* de ternera y jalapeño 121
 salsa de *chile* 142-145
Chinkiang, vinagre de arroz negro de 13
chocolate: fondant de chocolate al *miso* 171
cilantro: salsa verde 122-123, 126-127
coco: tarta Fraisier de mango y coco 165-167
congelador 12
cordero: dumplings con cordero e hinojo 122-123
 véase también cabrito

d
dan dan, dumplings 121
dashi, en polvo 14
doubanjiang 16
 biang biang con berenjena y *doubanjiang* 84
dumplings 107
 dumplings *dan dan* de ternera y jalapeño 121
 dumplings de calabacín y hongos negros chinos 126-127
 dumplings de cordero e hinojo 122-123
 dumplings de cristal de langostino y calabaza 130-131
 dumplings de langostino y cerdo con puntilla 124-125
 dumplings de *mapo* tofu 134
 dumplings de ternera 116-117
 dumplings de ternera y jengibre 136
 dumplings de cerdo y hongos chinos negros 133
 obleas para dumplings 112-115
 obleas para won ton 108-111
 won ton de gamba 118
 won ton con mantequilla avellana a la soja y setas *enoki* 128-129

e
espinacas: salsa verde 122-123

f
fideos de cristal a la cazuela 76-77
furikake 14

g
garbanzos crujientes 82-83
gamba, bolas de: ramen rápido con marisco picante 93
gun gun mian, al estilo de Xi'an 89
gyudon con huevo *onsen* japonés 148

h
harina, rica en proteína 14
helado: crep con helado de naranja y pimienta de Sichuan 160-161
 helado de té con leche y caramelo 162-164
hinojo: dumplings de cordero e hinojo 122-123
hongos chinos negros: dumplings 126-127, 133
hot pot 102-105
huesos, limpiar los 13
huevos 14
 gyudon con huevo *onsen* japonés 148
 huevos fritos con cebolleta 157
 huevos picantes adobados adictivos 156
 huevos ramen 19
 lu rou fan 152
 oyakodon 140
 torikatsudon 146
 yema, arroz, nori 156

j
jengibre 72
 dumplings de ternera y jengibre 136
 salsa de chile 142-145

k
kansui 14
kombu en polvo, alga 16

l
langostinos: dumplings de cristal de langostinos y calabaza 130-131
 dumplings de langostino y cerdo con puntilla 124-125
 fideos de cristal con langostinos a la cazuela 76-77
 hot pot 102-105
 noodles de borracho con brócoli asado 62
 ramen rápido con marisco picante 93

sopa tom yam con noodles 64
won ton de langostinos 118
leche de coco: noodles y pollo al curri de coco 80-81
lu rou fan 152

m
maestro, caldo 21
mála, pasta 18
   hot pot 102-105
   tsukemen con pato *mála* 54
mapo tofu, dumplings de 134
marisco 14
   ramen rápido con marisco picante 93
merengue: baked Alaska 168

mi ramen vegano definitivo 82-3
mirin 16
miso, pasta de 16
   arroz con pollo y *miso* a la cazuela 151
   fondant de chocolate al *miso* 171
   udon de *miso* a la cazuela 90
MSG 17
muselina, crema 165-167

n
nam prik pao 16
naranjas: crep con helado de naranja y pimienta de Sichuan 160-161
noodles: *ba mee* 24-27
   biang biang 44-47
   estirados a mano 32-35
   ramen 40-43
   tsukemen integrales 28-31
   tsukemen tonkotsu 69-70
   udon 36-39
noodles, recetas con: *biang biang* con asaduras de pato 57
   biang biang con berenjena y *doubanjiang* 84
   fideos de cristal a la cazuela 76-77
   gun gun mian al estilo de Xi'an 89
   hot pot 102-105
   mi ramen vegano definitivo 82-83
   noodles *biang biang* con cordero y tomate 94
   noodles con costilla de ternera a la tailandesa 58-59
   noodles de borracho con brócoli asado 62
   noodles de ternera al estilo de Lanzhou 71-72
   noodles gun gun con aceite caliente 96
   noodles secos picantes 75
   noodles y pollo al curri de coco 80-81
   ramen con *chintan* de pato asado 48-50

ramen con *paitan* de pato asado 51-53
ramen rápido con marisco picante 93
sopa aromática con noodles y panapén 60
nori: yema, arroz, nori 156

o
oyakodon 140

p
pak choi (bok choy): *hot pot* 102-105
   noodles secos picantes 75
palma, azúcar de 16
pato: ramen con *chintan* de pato asado 48-50
   ramen con *paitan* de pato asado 51-53
   tsukemen con pato *mála* 54
pollo: arroz con pollo 142-145
   arroz con pollo y *miso* a la cazuela 151
   caldo de pollo 20-21
   caldo de pollo en polvo 13
   noodles y pollo al curri de coco 80-81
   oyakodon 140
   patas de pollo 13
   tsukemen tonkotsu 69-70
   torikatsudon 146
   tsukemen con pollo y cangrejo picantes 66
   udon de *miso* a la cazuela 90

r
ramen 40-43
regaliz 72

s
salsas 130-131, 154
   de pescado 14
   de ostras 16
   de soja 17
   hot pot 102-105
   para mojar 130-131
   verde 122-123, 126-127
   vegetariana para sofritos de estilo oriental 17
sésamo, semillas de 16
   pasta de sésamo china 13
sésamo tostado, aceite de 16
setas: caldo de setas en polvo 16
   hot pot 102-105
   mi ramen vegano definitivo 82-83
   setas shiitake secas 14
   sopa tom yam con noodles 64
   tempura de verduras con arroz 154
   won ton con mantequilla avellana a la soja y setas *enoki* 128-129

setas de ostra: sopa tom yam con noodles 64
   tempura de verduras con arroz 154
Sichuan, pimienta de 17
   crep de helado de naranja y pimienta de Sichuan 160-161
sorbete de caqui 168
sopas 60, 64
   sopa aromática con noodles y panapén 60
sui mi ya cai 17

t
tantanmen 79
tarta Fraisier de mango y coco 165-167
té: helado de té con leche y caramelo 162-164
tempura de verduras con arroz 154
tentsuyu, salsa 154
ternera: *hot pot* 102-105
   caldo maestro 21
   dumplings *dan dan* de ternera y jalapeño 121
   dumplings de ternera 116-117
   dumplings de ternera y jengibre en aceite picante 136
   gyudon con huevo *onsen* japonés 148
   noodles con costilla de ternera a la tailandesa 58-59
   noodles de ternera al estilo de Lanzhou 71-72
   tantanmen 79
tofu: *hot pot* 102-105
tom yam con noodles, sopa 64
tomates: noodles *biang biang* con cordero y tomate 94
torikatsudon 146
tsukemen, noodles 28-31
tsukemen tonkotsu 69-70

u
udon 36-39
udon con kimchi y beicon 87
utensilios 12

v
vinagre: caldo de vinagre 116-117
   perlas de vinagre 122-123
   vinagre de arroz negro *Chinkiang* 13
vino de arroz de *Shaoxing* 17

w
won ton *véase* dumplings

y
yema, arroz, nori 156

Índice alfabético

Agradecimientos

Gracias de todo corazón al extraordinario equipo que tanto se ha esforzado para hacer realidad mi segundo libro a pesar de los obstáculos que la pandemia de coronavirus ha interpuesto en nuestro camino.

A Rob, por tu diseño tan ideal, por el interés sincero que has demostrado por mis recetas, por tus habilidades a la hora de dar forma a los dumplings, por tu apoyo y por ser un amigo fantástico.

A India y a Magnus, por vuestra capacidad para capturar tan bien mis recetas y mis procesos, por hacer que me sienta tan bien delante de la cámara y por ser personas verdaderamente geniales.

A Han, mi compadre de Manchester, por haber vuelto a dar alegría y color a mi trabajo y por ir siempre más allá. No estaría aquí de no ser por ti.

A Emily, por trasladar mi visión a las páginas de este libro de un modo tan maravilloso.

A mi editora, por todo tu esfuerzo y por tu paciencia. Por defenderme y por hacer de todo esto una realidad.

Al equipo editorial, por apoyar mi visión, por concederme tanta libertad y por hacer que todo esto sea posible.

A Holly, mi manager, por tu apoyo, por tus consejos sensatos y por tu conocimiento infinito.

A mi círculo de amigos de Instagram (ya sabéis quiénes sois). Vuestro apoyo lo ha sido todo para mí durante este año. Estoy muy agradecida de teneros.

A las empresarias que me inspiran cada día.

A Sloth, por apoyarme, por cuidarme y por prepararme una taza de té tras otra.

A papá, por su apoyo incondicional.

A mamá, por levantarme cuando caigo. Por estar ahí. Por ser mi fan número uno.